ディズニー暗記カード

PHRASES
中学英熟語

Gakken

CONTENTS もくじ

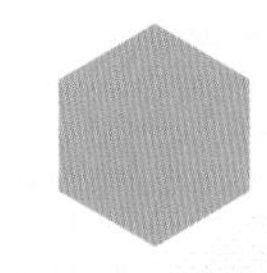

この本の特長と使い方

表紙カード

英熟語

	カード番号
基本レベル	1 〜 140
標準レベル	141 〜 280
ハイレベル	281 〜 350

会話表現 1 〜 50

重要文型 1 〜 80

英熟語チェックシートダウンロードについて

この本で勉強した熟語が身についているかどうかを確認できる，チェックシートがダウンロードできます。ダウンロードはこちらのURLと二次元コードから。

https://gakken-ep.jp/extra/disneycard_ephrases_download/

この本の記号と表記

熟語の表記

本書の見出しの熟語の中には，具体的な代名詞で代表させて表記しているものがあります。
このようなほかの語に置き換えられる語は，グレーの文字で示しています。
例えば，want you to ~(あなたに～してもらいたい)のように表記されている場合，
グレーになっている you の部分は，her, him などに置き換えられることを表します。

かっこの種類

(　　)…省略できる部分を表します。
[　　]…直前の語(句)が，かっこ内の語(句)に言い換えられることを表します。

記号

≒…直後の熟語が，見出し語と似た意味であることを表します。

英語の音声再生アプリについて

本書に掲載されている 480 の英熟語・会話表現・重要文型を収録した音声を無料でご利用いただけます。音声は，専用アプリで再生することができます。

アプリのご利用方法

スマートフォン，またはタブレット PC から
下記の URL にアクセスしてください。

https://gakken-ep.jp/extra/myotomo/

※ お客様のインターネット環境及び携帯端末によりアプリがご利用できない場合や，音声をダウンロード・再生できない場合，当社は責任を負いかねます。ご理解，ご了承いただきますようお願いいたします。
※ アプリは無料ですが，通信料はお客様のご負担となります。

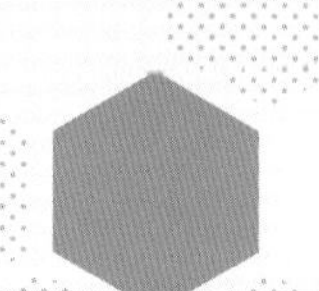

この本の特長と使い方

コンパクトだから どこにでも持ち歩ける！

ポケットに入る超コンパクトサイズで，トイレ，電車，学校など，どこでも持ち歩いてすき間時間に勉強できる。

勉強しやすいレベル別

英熟語は「基本レベル」「標準レベル」「ハイレベル」の３つのレベルに分かれているから，目的や達成度に応じた自由な使い方ができる。

（※会話表現，重要文型にはレベルはありません。）

オモテ面・ウラ面のどちらからも使えて便利！

オモテ面からは英語→日本語，ウラ面からは日本語→英語のチェックができる。

（※オモテ面下の「詳しく」ではその熟語や例文に関する注意点を，「関連」ではあわせて覚えたい熟語などの情報を示しています。）

英熟語のレベル

英熟語　基本レベル　68

talk with ～

▶ Pooh **talks with** Tigger about many things.

関連 **talk about** ～なら「**～について話す**」の意味。

カードの上手な切り方

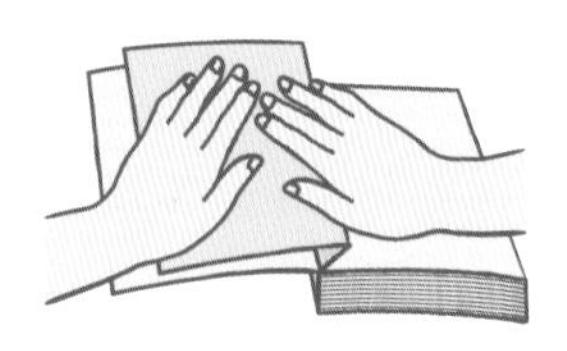

たてのミシン目にそって しっかり折る

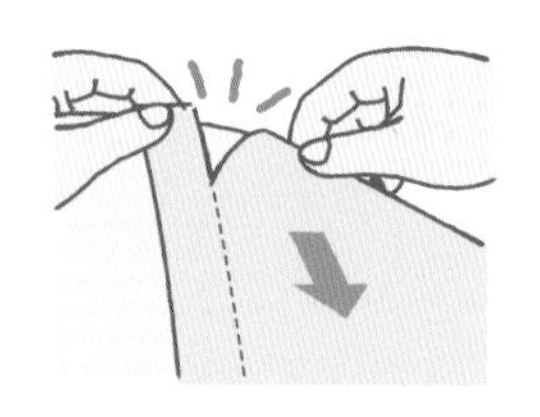

折り目の端をつまんで 少しだけ切る

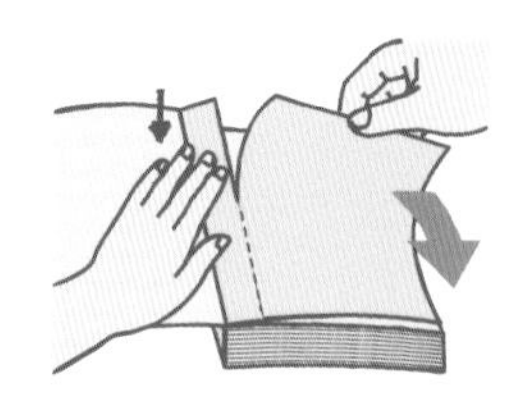

ミシン目の内側を押さえながら，少し丸めるようにして，切りとる

PHRASES
中学英熟語

表紙カードの使い方

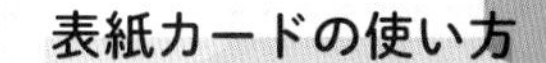

余白の部分に「期末テスト」や「苦手熟語」など，暗記帳のタイトルを書こう！

ココ！
期末テスト

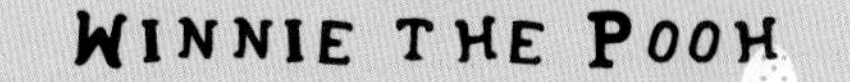

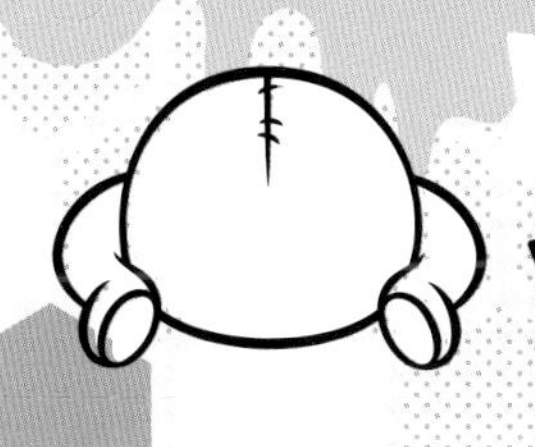

PHRASES

PHRASES

PHRASES

PHRASES

PHRASES

英熟語 基本レベル

1

get up

What time does Pooh **get up** every morning?

関連 **go to bed** は「**寝る**」という意味。

英熟語 基本レベル

2

get home

I usually **get home** around six.

英熟語 基本レベル

3

go to school

I **go to school** with John every day.

詳しく school の前には，a や the はつかないよ。

英熟語 基本レベル

4

go home

She usually **goes home** by bus.

英熟語 基本レベル

5

watch TV

We **watch TV** at night.

詳しく TVの前には a や the はつかないよ。

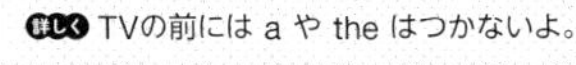

英熟語 基本レベル

6

play the guitar

He **plays the guitar** very well.

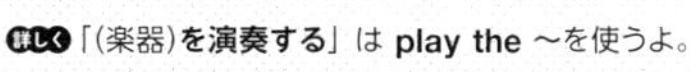

詳しく「(楽器)**を演奏する**」は **play the** ～を使うよ。

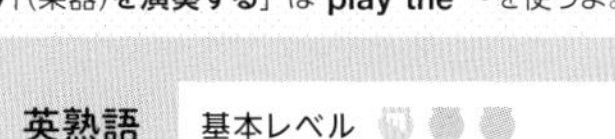

英熟語 基本レベル

7

take a bath

Does Piglet **take a bath** after dinner?

関連 **take a shower** は「**シャワーを浴びる**」という意味。

英熟語 基本レベル

8

wash the dishes

Does Pooh **wash the dishes** after dinner?

詳しく dishes と複数形にすることに注意。

英熟語 基本レベル

9

come from ～

Where do you **come from**, Piglet?

英熟語 基本レベル

10

be good at ～

Tigger **is good at** painting.

詳しく be は主語によって，**am**，**are**，**is** を使い分けよう。

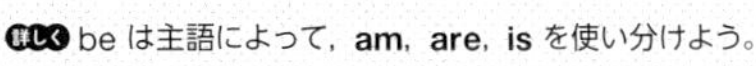

英熟語　基本レベル

ギターを弾く

彼はとても上手に**ギターを弾き**ます。

He ＿＿ ＿＿ ＿＿ very well.

英熟語　基本レベル

ふろに入る

ピグレットは夕食後に**ふろに入り**ますか。

Does Piglet ＿＿ ＿＿ ＿＿ after dinner?

英熟語　基本レベル

お皿を洗う

プーさんは夕食後に**お皿を洗い**ますか。

Does Pooh ＿＿ ＿＿ ＿＿ after dinner?

英熟語　基本レベル

～の出身である，～に由来する

あなたはどちら**の出身**ですか，ピグレット。

Where do you ＿＿ ＿＿ , Piglet?

英熟語　基本レベル

～が得意だ，～が上手だ

ティガーは絵をかくこと**が得意**です。

Tigger ＿＿ ＿＿ ＿＿ painting.

英熟語　基本レベル

起きる

プーさんは毎朝，何時に**起き**ますか。

What time does Pooh ＿＿ ＿＿ every morning?

英熟語　基本レベル

帰宅する

私はたいてい6時ごろに**帰宅し**ます。

I usually ＿＿ ＿＿ around six.

英熟語　基本レベル

学校へ行く

私は毎日，ジョンと**学校へ行き**ます。

I ＿＿ ＿＿ ＿＿ with John every day.

英熟語　基本レベル

家に帰る

彼女はふつう，バスで**家に帰り**ます。

She usually ＿＿ ＿＿ by bus.

英熟語　基本レベル

テレビを見る

私たちは夜に**テレビを見**ます。

We ＿＿ ＿＿ at night.

英熟語　基本レベル

11

go to bed

Go to **bed** now, Eeyore.

関連 **get up** は「**起きる**」という意味。

英熟語　基本レベル

12

go to ～

I **go to** the library after school.

詳しく to のあとは**場所**を表す語句がくるよ。

英熟語　基本レベル

13

come to ～

I **come to** school by bus.

英熟語　基本レベル

14

get to ～

How can I **get to** the station?

英熟語　基本レベル

15

do my homework

I **do my homework** every day.

詳しく「彼の～」なら，do **his** homework となるよ。

英熟語　基本レベル

16

very much

We like Pooh **very much.**

英熟語　基本レベル

17

very well

They dance **very well.**

英熟語　基本レベル

18

every day

I walk to school **every day.**

関連 everyday は「毎日の，日々の」という意味。

英熟語　基本レベル

19

after school

I practice soccer **after school.**

英熟語　基本レベル

20

～ year(s) old

I'm twelve **years old.**

英熟語　基本レベル

とても，たいへん

- 私たちはプーさんがとても好きです。
- We like Pooh ＿＿ ＿＿ .

英熟語　基本レベル

とても上手に

- 彼らはとても上手に踊ります。
- They dance ＿＿ ＿＿ .

英熟語　基本レベル

毎日

- 私は毎日，歩いて学校へ行きます。
- I walk to school ＿＿ ＿＿ .

英熟語　基本レベル

放課後

- 私は放課後，サッカーを練習します。
- I practice soccer ＿＿ ＿＿ .

英熟語　基本レベル

～歳，創立～年

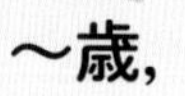

- 私は12歳です。
- I'm twelve ＿＿ ＿＿ .

英熟語　基本レベル

寝る，ベッドに入る

- もう寝なさい，イーヨー。
- ＿＿ ＿＿ ＿＿ now, Eeyore.

英熟語　基本レベル

～に行く

- 私は放課後，図書館に行きます。
- I ＿＿ ＿＿ the library after school.

英熟語　基本レベル

～に来る

- 私はバスで学校に来ます。
- I ＿＿ ＿＿ school by bus.

英熟語　基本レベル

～に着く

- どうやって駅へ行けますか。
- How can I ＿＿ ＿＿ the station?

英熟語　基本レベル

私の宿題をする

- 私は毎日，宿題をします。
- I ＿＿ ＿＿ ＿＿ every day.

英熟語　基本レベル　21

a lot of ～

▶ I learned **a lot of** things from you.

詳しく a lot of に続く数えられる名詞は**複数形**。

英熟語　基本レベル　22

not ～ at all

▶ I **don't** like snakes **at all**.

詳しく 強い否定を表すよ。

英熟語　基本レベル　23

not very ～

▶ He's **not very** good at skating.

英熟語　基本レベル　24

not ～ but …

▶ Roo is **not** Kanga's brother **but** her son.

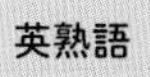

英熟語　基本レベル　25

be different from ～

▶ Your idea **is different from** mine.

英熟語　基本レベル　26

be kind to ～

▶ Pooh **is kind to** everyone.

英熟語　基本レベル　27

be late for ～

▶ Don't **be late for** school.

英熟語　基本レベル　28

be on the ～ team

▶ I'**m on the** soccer **team**.

関連 文化系の部なら，**be in the ～ club** を使うよ。

英熟語　基本レベル　29

be ready for ～

▶ **Are** you **ready for** the party?

英熟語　基本レベル　30

cheer up

▶ Eeyore, **cheer up**.

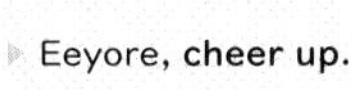

英熟語　基本レベル

～に親切である

- プーさんはみんなに親切です。
- Pooh ____ ____ ____ everyone.

英熟語　基本レベル

～に遅れる

- 学校に遅れてはいけません。
- Don't ____ ____ ____ school.

英熟語　基本レベル

～部に所属している

- 私はサッカー部に入っています。
- ____ ____ the soccer ____ .

英熟語　基本レベル

～の準備ができている

- パーティーの準備ができていますか。
- ____ you ____ ____ the party?

英熟語　基本レベル

元気を出す

- イーヨー，元気を出して。
- Eeyore, ____ ____ .

英熟語　基本レベル

たくさんの～

- 私はあなたからたくさんのことを学びました。
- I learned ____ ____ ____ things from you.

英熟語　基本レベル

少しも～ない

- 私はヘビが少しも好きではありません。
- I ____ like snakes ____ ____ .

英熟語　基本レベル

あまり～でない

- 彼はスケートがあまり得意ではありません。
- He's ____ ____ good at skating.

英熟語　基本レベル

～ではなくて…

- ルーはカンガの弟ではなくて息子です。
- Roo is ____ Kanga's brother ____ her son.

英熟語　基本レベル

～と異なる，
～と違っている

- あなたの考えは私のとは異なります。
- Your idea ____ ____ ____ mine.

英熟語　基本レベル　31

come in

Can I **come in**?

英熟語　基本レベル　32

cut down ~

Don't **cut down** this tree.

英熟語　基本レベル　33

get off ~

Tigger **gets off** the train at this station.

関連 **get on** ~ は**「~に乗る」**という意味。

英熟語　基本レベル　34

get on ~

Where can I **get on** the bus for Osaka?

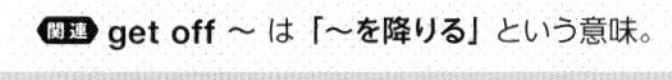

関連 **get off** ~ は**「~を降りる」**という意味。

英熟語　基本レベル　35

give up

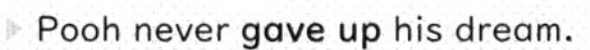

Pooh never **gave up** his dream.

英熟語　基本レベル　36

go and ~

Why don't we **go and** see the festival?

詳しく and のあとは動詞。and の代わりに to も使うよ。

英熟語　基本レベル　37

go back to ~

When did she **go back to** Los Angeles?

英熟語　基本レベル　38

go down ~

Go down this street and turn right at the corner.

英熟語　基本レベル　39

go into ~

Let's **go into** the classroom.

英熟語　基本レベル　40

go out

Can you **go out** for dinner tonight?

英熟語 基本レベル

～しに行く

©2021 Disney

- お祭りを見に行くのはどうですか。
- Why don't we ____ ____ see the festival?

英熟語 基本レベル

入る

©2021 Disney

- 入ってもいいですか。
- Can I ____ ____ ?

英熟語 基本レベル

～へ戻る，～へ帰っていく

©2021 Disney

- 彼女はいつロサンゼルスに戻りましたか。
- When did she ____ ____ ____ Los Angeles?

英熟語 基本レベル

～を切り倒す，～を減らす

©2021 Disney

- この木を切り倒さないで。
- Don't ____ ____ this tree.

英熟語 基本レベル

～を降りる，～を通って行く

©2021 Disney

- この道を行って，角を右に曲がってください。
- ____ ____ this street and turn right at the corner.

英熟語 基本レベル

～を降りる

©2021 Disney

- ティガーはこの駅で電車を降ります。
- Tigger ____ ____ the train at this station.

英熟語 基本レベル

～に入る

©2021 Disney

- 教室に入りましょう。
- Let's ____ ____ the classroom.

英熟語 基本レベル

～に乗る

©2021 Disney

- どこで大阪行きのバスに乗ることができますか。
- Where can I ____ ____ the bus for Osaka?

英熟語 基本レベル

外出する

©2021 Disney

- 今晩，夕食を食べに外出できますか。
- Can you ____ ____ for dinner tonight?

英熟語 基本レベル

あきらめる，やめる

©2021 Disney

- プーさんは自分の夢を決してあきらめませんでした。
- Pooh never ____ ____ his dream.

英熟語　基本レベル

41

have a good time

Did Pooh and Piglet **have a good time** there?

詳しく good の代わりに great なども使えるよ。

英熟語　基本レベル

42

have fun

Did they **have fun** at the party?

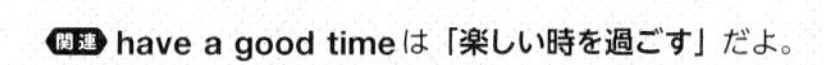

関連 **have a good time** は**「楽しい時を過ごす」**だよ。

英熟語　基本レベル

43

help me with ~

Can you **help me with** my homework?

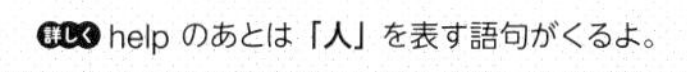

詳しく help のあとは**「人」**を表す語句がくるよ。

英熟語　基本レベル

44

hurry up

Hurry up. It's time for dinner.

英熟語　基本レベル

45

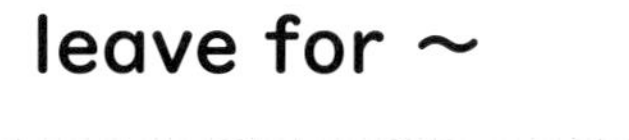

leave for ~

What time do you usually **leave for** school?

英熟語　基本レベル

46

listen to ~

Tigger is **listening to** music.

英熟語　基本レベル

47

live in ~

They **live in** a small town.

英熟語　基本レベル

48

look around ~

Pooh is **looking around** the flower shop.

英熟語　基本レベル

49

look at ~

Look at this butterfly.

詳しく「～を見る」というときは，**at** が必要だよ。

英熟語　基本レベル

50

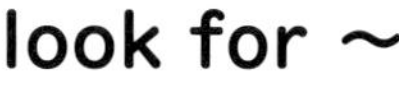

look for ~

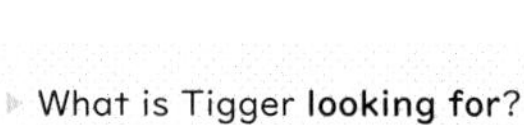

What is Tigger **looking for**?

英熟語　基本レベル

～を聞く

- ティガーは音楽を聞いています。
- Tigger is ____ ____ music.

英熟語　基本レベル

～に住む

- 彼らは小さな町に住んでいます。
- They ____ ____ a small town.

英熟語　基本レベル

～を見回す

- プーさんはお花屋さんの中を見回しています。
- Pooh is ____ ____ the flower shop.

英熟語　基本レベル

～を見る

- このチョウを見て。
- ____ ____ this butterfly.

英熟語　基本レベル

～を探す

- ティガーは何を探しているのですか。
- What is Tigger ____ ____ ?

英熟語　基本レベル

楽しい時を過ごす

- プーさんとピグレットはそこで楽しい時を過ごしましたか。
- Did Pooh and Piglet ____ ____ **good** ____ there?

英熟語　基本レベル

楽しむ

- 彼らはパーティーで楽しみましたか。
- Did they ____ ____ at the party?

英熟語　基本レベル

私の～を手伝う

- 私の宿題を手伝ってくれますか。
- Can you ____ ____ ____ my homework?

英熟語　基本レベル

急ぐ

- 急ぎなさい。夕食の時間ですよ。
- ____ ____ . It's time for dinner.

英熟語　基本レベル

～に向けて出発する

- あなたはふつう，学校へ行くのに何時に出発しますか。
- What time do you usually ____ ____ school?

英熟語　基本レベル

51

look up

Let's **look up** this word in a dictionary.

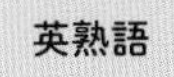
英熟語　基本レベル

52

make friends with ~

Pooh **makes friends with** everybody.

詳しく make のあとは **friends** と複数形にするよ。

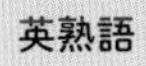
英熟語　基本レベル

53

pick up ~

Can you **pick up** that can?

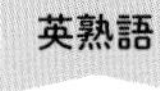
英熟語　基本レベル

54

say hello to ~

Say hello to Pooh and Piglet.

詳しく hello の代わりに **hi** を使うこともあるよ。

英熟語　基本レベル

55

say goodbye to ~

Did you **say goodbye to** your friends?

英熟語　基本レベル

56

stand up

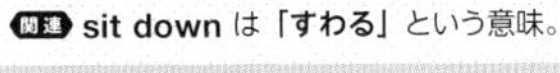
Mr. Baker said, "**Stand up.**"

関連 **sit down** は「**すわる**」という意味。

英熟語　基本レベル

57

sit down

Please **sit down** here.

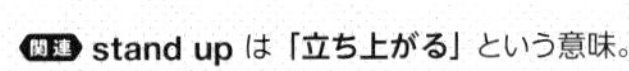
関連 **stand up** は「**立ち上がる**」という意味。

英熟語　基本レベル

58

speak to ~

Did you **speak to** Sarah in French?

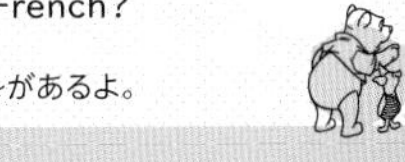
関連 似た意味を表す熟語に talk to ～があるよ。

英熟語　基本レベル

59

take a picture

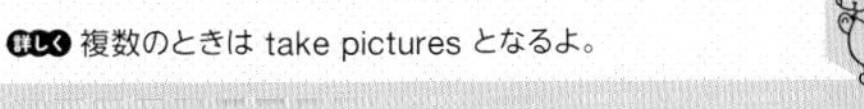
Can I **take a picture** here?

詳しく 複数のときは take pictures となるよ。

英熟語　基本レベル

60

take a walk

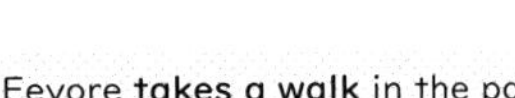
Eeyore **takes a walk** in the park every morning.

英熟語　基本レベル

立ち上がる，起立する

▶ ベイカー先生は「**起立**」と言いました。
▶ Mr. Baker said, “____ ____.”

英熟語　基本レベル

すわる，着席する

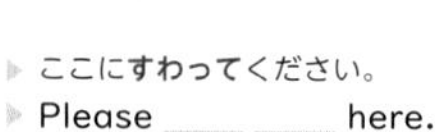

▶ ここに**すわって**ください。
▶ Please ____ ____ here.

英熟語　基本レベル

～に話しかける，～と話す（≒talk to ～）

▶ あなたはフランス語でサラ**に話しかけ**ましたか。
▶ Did you ____ ____ Sarah in French?

英熟語　基本レベル

写真を撮る

▶ ここで**写真を撮って**もいいですか。
▶ Can I ____ ____ ____ here?

英熟語　基本レベル

散歩する

▶ イーヨーは毎朝，公園を**散歩します**。
▶ Eeyore ____ ____ ____ in the park every morning.

英熟語　基本レベル

見上げる，～を調べる

▶ 辞書でこの単語を**調べ**ましょう。
▶ Let’s ____ ____ this word in a dictionary.

英熟語　基本レベル

～と友達になる

▶ プーさんはみんな**と友達になります**。
▶ Pooh ____ ____ ____ everybody.

英熟語　基本レベル

～を拾い上げる，～を車で迎えにいく

▶ その缶**を拾って**くれますか。
▶ Can you ____ ____ that can?

英熟語　基本レベル

～によろしくと言う

▶ プーさんとピグレット**によろしくと言って**ください。
▶ ____ ____ ____ Pooh and Piglet.

英熟語　基本レベル

～にさようならと言う

▶ あなたは友達**にさようならと言い**ましたか。
▶ Did you ____ ____ ____ your friends?

英熟語　基本レベル

61

take ~ for a walk

She **takes** her dog **for a walk** every day.

関連 **take a walk** なら「**散歩する**」という意味。

英熟語　基本レベル

62

take away ~

Please **take away** these books.

英熟語　基本レベル

63

take care of ~

Does she **take care of** her pet?

英熟語　基本レベル

64

put on ~

He **puts on** a blue hat and goes out.

英熟語　基本レベル

65

take off ~

Please **take off** your jacket here.

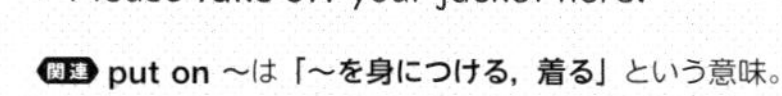

関連 **put on** ~は「**~を身につける，着る**」という意味。

英熟語　基本レベル

66

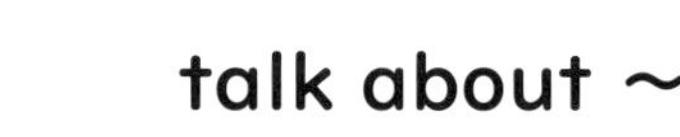

talk about ~

What are Kanga and Roo **talking about**?

英熟語　基本レベル

67

talk to ~

Let's **talk to** Ms. Smith in English.

関連 似た意味を表す熟語に **speak to** ~があるよ。

英熟語　基本レベル

68

talk with ~

Pooh **talks with** Tigger about many things.

関連 **talk about** ~なら「**~について話す**」の意味。

英熟語　基本レベル

69

think about ~

What do you **think about** her idea?

英熟語　基本レベル

70

try on ~

Can I **try on** this dress?

英熟語　基本レベル

～について話す

カンガとルーは何について話しているのですか。
What are Kanga and Roo ____ ____ ?

英熟語　基本レベル

～と話をする，～に話しかける（≒speak to ～）

スミス先生に英語で話しかけてみよう。
Let's ____ ____ Ms. Smith in English.

英熟語　基本レベル

～と話をする，～と話し合う

プーさんはたくさんのことについてティガーと話し合います。
Pooh ____ ____ Tigger about many things.

英熟語　基本レベル

～のことを考える

彼女の考えをどう思いますか。
What do you ____ ____ her idea?

英熟語　基本レベル

～を試着する

このドレスを試着してもいいですか。
Can I ____ ____ this dress?

英熟語　基本レベル

～を散歩に連れていく

彼女は毎日，犬を散歩に連れていきます。
She ____ her dog ____ a ____ every day.

英熟語　基本レベル

～をかたづける，～を持ち去る

これらの本をかたづけてください。
Please ____ ____ these books.

英熟語　基本レベル

～の世話をする

彼女はペットの世話をしますか。
Does she ____ ____ ____ her pet?

英熟語　基本レベル

～を身につける，～を着る

彼は青いぼうしをかぶって外出します。
He ____ ____ a blue hat and goes out.

英熟語　基本レベル

～を脱ぐ，離陸する

ここで上着を脱いでください。
Please ____ ____ your jacket here.

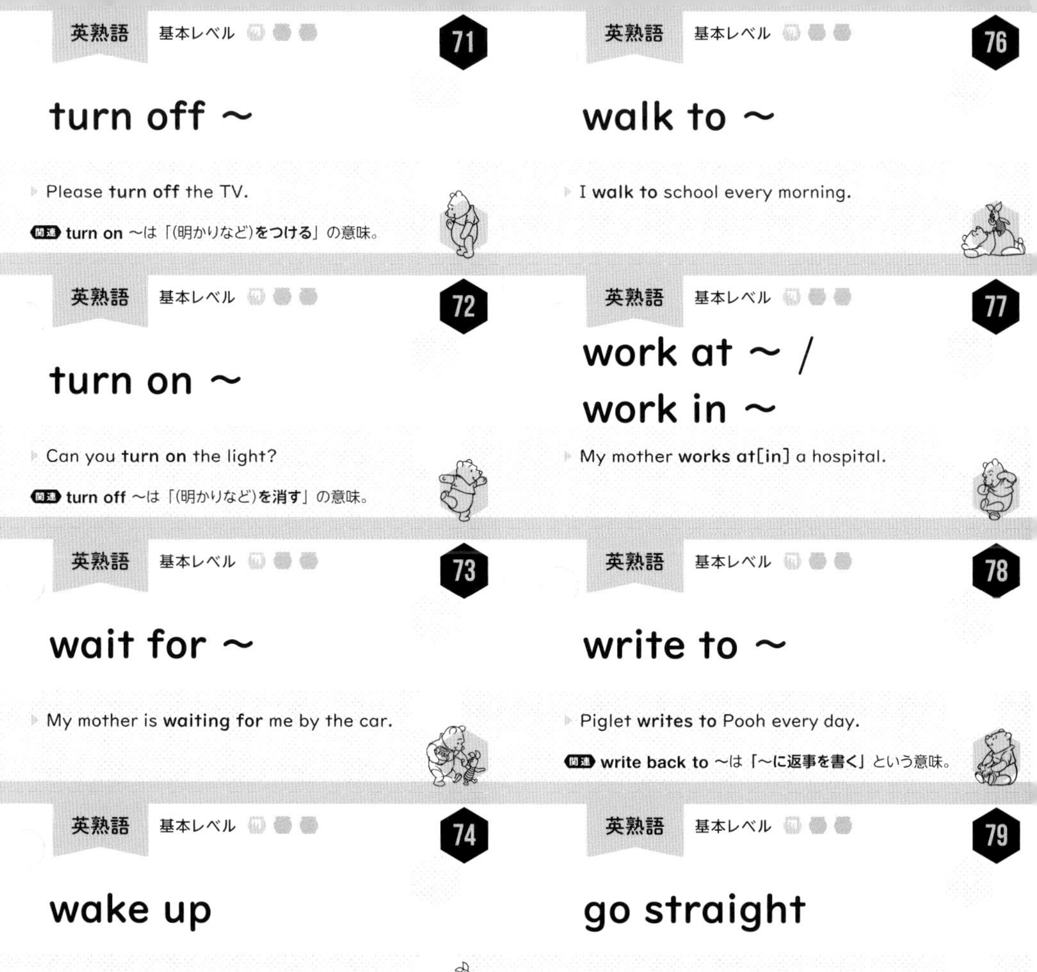

英熟語 基本レベル

71

turn off ~

Please **turn off** the TV.

関連 **turn on** ~は「(明かりなど)**をつける**」の意味。

英熟語 基本レベル

72

turn on ~

Can you **turn on** the light?

関連 **turn off** ~は「(明かりなど)**を消す**」の意味。

英熟語 基本レベル

73

wait for ~

My mother is **waiting for** me by the car.

英熟語 基本レベル

74

wake up

Wake up, Judy. It's time for school.

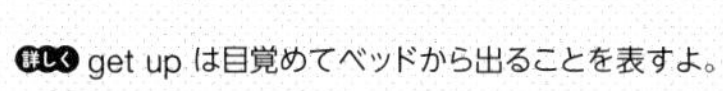

詳しく get up は目覚めてベッドから出ることを表すよ。

英熟語 基本レベル

75

walk around

Tigger **walked around**.

英熟語 基本レベル

76

walk to ~

I **walk to** school every morning.

英熟語 基本レベル

77

work at ~ / work in ~

My mother **works at[in]** a hospital.

英熟語 基本レベル

78

write to ~

Piglet **writes to** Pooh every day.

関連 **write back to** ~は「**~に返事を書く**」という意味。

英熟語 基本レベル

79

go straight

Go straight along this street.

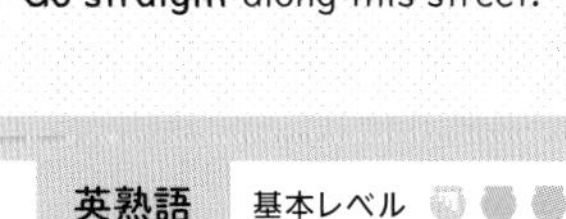

英熟語 基本レベル

80

turn right / turn left

Turn right at the next corner.

詳しく 道案内の場面でよく使われるよ。

英熟語　基本レベル

～へ歩いていく

▶ 私は毎朝，学校へ歩いていきます。
▶ I ____ ____ school every morning.

英熟語　基本レベル

～で働く，～に勤めている

▶ 私の母は病院で働いています。
▶ My mother ____ ____ a hospital.

英熟語　基本レベル

～に手紙[メール]を書く

▶ ピグレットは毎日，プーさんに手紙を書きます。
▶ Piglet ____ ____ Pooh every day.

英熟語　基本レベル

まっすぐに行く

▶ この通りをまっすぐに行ってください。
▶ ____ ____ along this street.

英熟語　基本レベル

右に曲がる/左に曲がる

▶ 次の角で右に曲がってください。
▶ ____ ____ at the next corner.

英熟語　基本レベル

(明かりなど)を消す

▶ テレビを消してください。
▶ Please ____ ____ the TV.

英熟語　基本レベル

(明かりなど)をつける

▶ 明かりをつけてくれますか。
▶ Can you ____ ____ the light?

英熟語　基本レベル

～を待つ

▶ 母は車のそばで私を待っています。
▶ My mother is ____ ____ me by the car.

英熟語　基本レベル

目を覚ます

▶ 目を覚ましなさい，ジュディー。学校の時間よ。
▶ ____ ____, Judy. It's time for school.

英熟語　基本レベル

歩き回る

▶ ティガーは(あちこちを)歩き回りました。
▶ Tigger ____ ____.

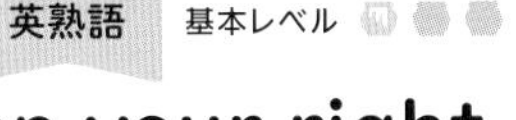
英熟語　基本レベル

81

on your right / on your left

▶ You'll see it **on your left**.

詳しく 道案内の場面でよく使われるよ。

英熟語　基本レベル

82

as a result / as a result of ~

▶ He succeeded **as a result of** hard work.

英熟語　基本レベル

83

at the age of ~

▶ I began playing tennis **at the age of** five.

英熟語　基本レベル

84

at school

▶ I'm learning English **at school**.

英熟語　基本レベル

85

at home

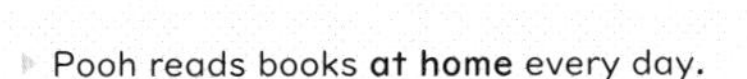
▶ Pooh reads books **at home** every day.

英熟語　基本レベル

86

just like ~

▶ His house is **just like** a castle.

詳しく この like は「～のように」という意味。

英熟語　基本レベル

87

for example

▶ She likes sports, **for example**, soccer and tennis.

英熟語　基本レベル

88

by bus

▶ How do you come to school? — **By bus**.

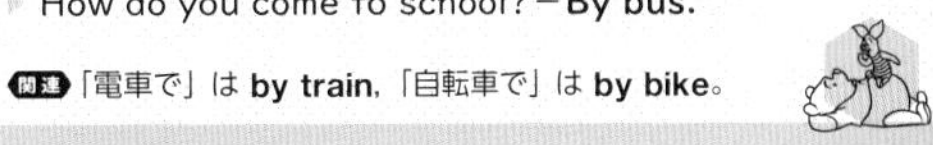
関連 「電車で」は **by train**, 「自転車で」は **by bike**。

英熟語　基本レベル

89

at 9:30 a.m. / at 9:30 p.m.

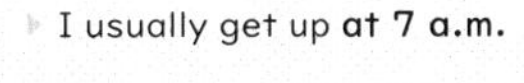
▶ I usually get up **at 7 a.m.**

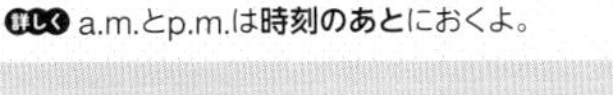
詳しく a.m.とp.m.は**時刻のあと**におくよ。

英熟語　基本レベル

90

in line

▶ We waited **in line** to get the tickets.

英熟語 基本レベル

まさに～のよう

▶ 彼の家はまさにお城のようです。
▶ His house is ____ ____ a castle.

英熟語 基本レベル

あなたの右側に/あなたの左側に

▶ それはあなたの左側に見えますよ。
▶ You'll see it ____ ____ ____ .

英熟語 基本レベル

例えば

▶ 彼女はスポーツが好きです。例えば，サッカーやテニスです。
▶ She likes sports, ____ ____, soccer and tennis.

英熟語 基本レベル

結果として/～の結果として

▶ 彼は大変な努力の結果，成功しました。
▶ He succeeded ____ ____ ____ of hard work.

英熟語 基本レベル

バスで

▶ あなたはどうやって学校へ来ますか。－バスでです。
▶ How do you come to school? － ____ ____ .

英熟語 基本レベル

～歳のときに

▶ 私は5歳のときにテニスを始めました。
▶ I began playing tennis ____ the ____ ____ five.

英熟語 基本レベル

午前 9 時30分に／午後 9 時30分に

▶ 私はたいてい午前7時に起きます。
▶ I usually get up ____ 7 ____

英熟語 基本レベル

学校で

▶ 私は学校で英語を学んでいます。
▶ I'm learning English ____ ____ .

英熟語 基本レベル

列になって，並んで

▶ 私たちはそのチケットを買うために並んで待ちました。
▶ We waited ____ ____ to get the tickets.

英熟語 基本レベル

家で

▶ プーさんは毎日，家で本を読みます。
▶ Pooh reads books ____ ____ every day.

英熟語 基本レベル 91

this one

How about **this one**?

詳しく この one は「もの」という意味。

英熟語 基本レベル 92

on TV

I watched soccer games **on TV**.

英熟語 基本レベル 93

on the internet

We can get a lot of information **on the internet**.

英熟語 基本レベル 94

on the phone

I sometimes talk with Emma **on the phone**.

英熟語 基本レベル 95

~ and so on

Piglet likes apples, grapes, melons **and so on**.

英熟語 基本レベル 96

hundreds of ~

Hundreds of people came to the museum.

関連 **thousands of** ～は「**何千もの～**」の意味。

英熟語 基本レベル 97

thousands of ~

Thousands of people came to see cherry blossoms.

関連 **hundreds of** ～は「**何百もの～**」の意味。

英熟語 基本レベル 98

a member of ~

I'm **a member of** the brass band.

英熟語 基本レベル 99

a cup of ~

Pooh drinks **a cup of** tea every morning.

詳しく 温かい飲み物のときはふつう，cup を使うよ。

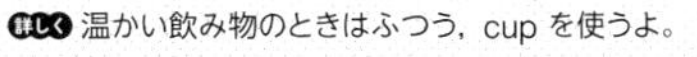

英熟語 基本レベル 100

a glass of ~

He said, "Can I have **a glass of** juice?"

詳しく 冷たい飲み物のときはふつう，glass を使うよ。

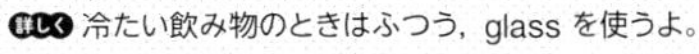

英熟語　基本レベル

何百もの〜

- 何百もの人々がその博物館に来ました。
- ＿＿ ＿＿ people came to the museum.

英熟語　基本レベル

何千もの〜

- 何千もの人々が桜の花を見に来ました。
- ＿＿ ＿＿ people came to see cherry blossoms.

英熟語　基本レベル

〜の一員

- 私はブラスバンドの一員です。
- I'm ＿＿ ＿＿ ＿＿ the brass band.

英熟語　基本レベル

カップ１杯の〜

- プーさんは毎朝，カップ１杯の紅茶を飲みます。
- Pooh drinks ＿＿ ＿＿ ＿＿ tea every morning.

英熟語　基本レベル

コップ１杯の〜

- 彼は「コップ１杯のジュースをもらえますか。」と言いました。
- He said, “Can I have ＿＿ ＿＿ ＿＿ juice?”

英熟語　基本レベル

こちらのもの，これ

- こちらのものはいかがですか。
- How about ＿＿ ＿＿ ?

英熟語　基本レベル

テレビで

- 私はテレビでサッカーの試合を見ました。
- I watched soccer games ＿＿ ＿＿ .

英熟語　基本レベル

インターネットで

- 私たちはインターネットでたくさんの情報を得られます。
- We can get a lot of information ＿＿ ＿＿ ＿＿ .

英熟語　基本レベル

電話で

- 私はときどき，エマと電話で話をします。
- I sometimes talk with Emma ＿＿ ＿＿ ＿＿ .

英熟語　基本レベル

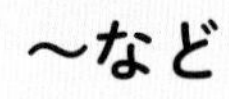

〜など

- ピグレットはりんご，ぶどう，メロンなどが好きです。
- Piglet likes apples, grapes, melons ＿＿ ＿＿ ＿＿ .

英熟語 基本レベル

101

a group of ～

▶ **A group of** American students came to our school.

英熟語 基本レベル

102

a lot

▶ My brother knows **a lot** about animals.

関連 **a lot of** ～は「**たくさんの～**」という意味。

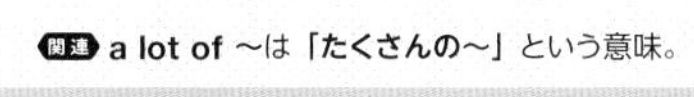

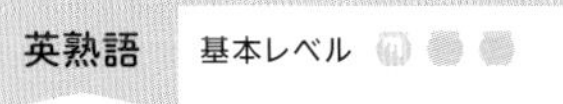

英熟語 基本レベル

103

a little

▶ I can play the guitar **a little.**

詳しく〈a little+**数えられない名詞**〉で「少しの～」の意味。

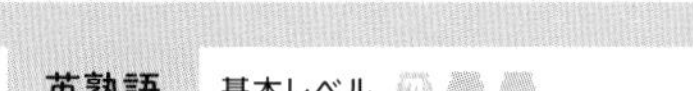

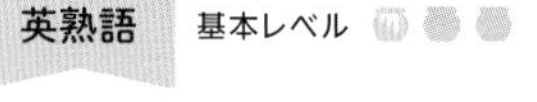

英熟語 基本レベル

104

no one

▶ **No one** knows her name.

英熟語 基本レベル

105

one of ～

▶ **One of** my friends lives in Kyoto.

詳しく one of に続く名詞は**複数形**。主語のときは3人称単数扱い。

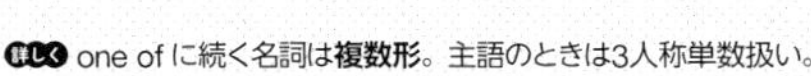

英熟語 基本レベル

106

some of ～

▶ **Some of** my friends like soccer.

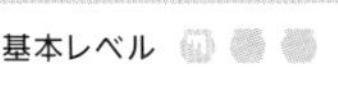

英熟語 基本レベル

107

each of ～

▶ **Each of** the boys has his own room.

詳しく each of ～が主語のときは3人称単数扱い。

英熟語 基本レベル

108

each other

▶ Pooh and Piglet smiled at **each other.**

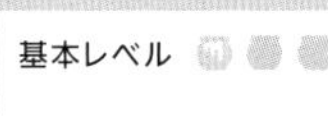

英熟語 基本レベル

109

first of all

▶ **First of all,** wash your body.

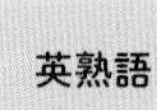
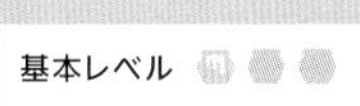

英熟語 基本レベル

110

on time

▶ Eeyore usually comes **on time.**

関連 **in time** は「**間に合って**」という意味。

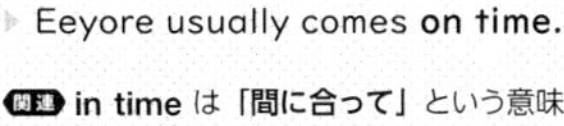

英熟語　基本レベル

～のいくつか，～のいくらか

▶ 私の友達の何人かはサッカーが好きです。
▶ ＿＿ ＿＿ my friends like soccer.

英熟語　基本レベル

それぞれの～

▶ 男の子たちはそれぞれが自分の部屋を持っています。
▶ ＿＿ ＿＿ the boys has his own room.

英熟語　基本レベル

お互い

▶ プーさんとピグレットはお互いにほほえみ合いました。
▶ Pooh and Piglet smiled at ＿＿ ＿＿ .

英熟語　基本レベル

まず第一に，何よりも

▶ まず最初に，体を洗いなさい。
▶ ＿＿ ＿＿ ＿＿, wash your body.

英熟語　基本レベル

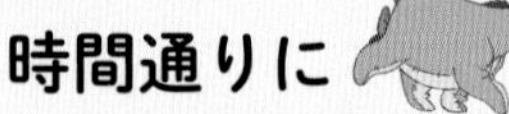

時間通りに

▶ イーヨーはたいてい時間通りに来ます。
▶ Eeyore usually comes ＿＿ ＿＿ .

英熟語　基本レベル

～の一団，～の集団

▶ アメリカ人の生徒の一団が私たちの学校に来ました。
▶ ＿＿ ＿＿ ＿＿ American students came to our school.

英熟語　基本レベル

とても，たくさん

▶ 私の兄[弟]は動物のことをたくさん知っています。
▶ My brother knows ＿＿ ＿＿ about animals.

英熟語　基本レベル

少し，少しの

▶ 私はギターを少し弾くことができます。
▶ I can play the guitar ＿＿ ＿＿ .

英熟語　基本レベル

だれも～ない，1人も～ない

▶ だれも彼女の名前を知りません。
▶ ＿＿ ＿＿ knows her name.

英熟語　基本レベル

～のうちの１つ

▶ 私の友達の１人は京都に住んでいます。
▶ ＿＿ ＿＿ my friends lives in Kyoto.

英熟語　基本レベル

111

at night

Some people can't sleep well **at night.**

関連 **in the morning** は「**朝に**」という意味。

英熟語　基本レベル

112

in the morning

Pooh gets up early **in the morning.**

関連 **in the afternoon** なら「**午後に**」の意味。

英熟語　基本レベル

113

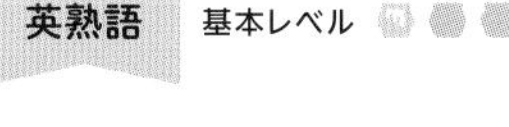

this morning

Tigger got a letter from Pooh **this morning.**

英熟語　基本レベル

114

all day

I watched TV **all day** in my room.

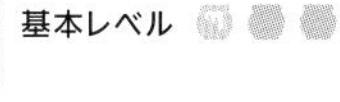

関連 **all night** なら「**一晩中**」の意味。

英熟語　基本レベル

115

all year round

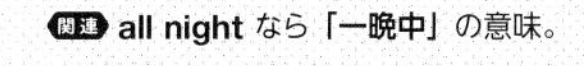

We can swim here **all year round.**

関連 **all year long** でも同じ意味を表せるよ。

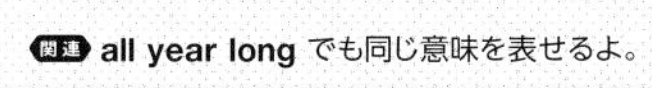

英熟語　基本レベル

116

over there

Piglet said, "Do you see that tree **over there**?"

関連 **over here** は「**こちらに，こちらの方へ**」の意味。

英熟語　基本レベル

117

right away

I'll answer the phone **right away.**

英熟語　基本レベル

118

these days

It's getting colder **these days.**

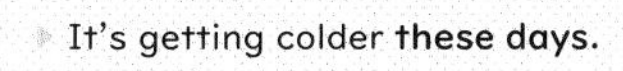

英熟語　基本レベル

119

last year

Last year, Mike and I were in the same class.

詳しく **last night** は「**昨夜**」，**last week** は「**先週**」。

英熟語　基本レベル

120

next to ～

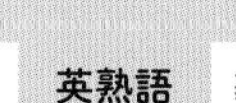

Pooh sat **next to** Piglet.

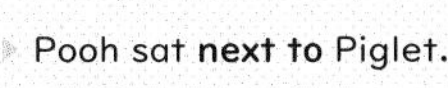

英熟語 基本レベル

向こうに，あそこに

ピグレットは「**あそこに**あるあの木が見えますか。」と言いました。
Piglet said, “Do you see that tree ＿＿ ＿＿ ?”

英熟語 基本レベル

すぐに

私は**すぐに**電話に出ます。
I'll answer the phone ＿＿ ＿＿ .

英熟語 基本レベル

このごろ，最近

このごろだんだん寒くなってきています。
It's getting colder ＿＿ ＿＿ .

英熟語 基本レベル

昨年

昨年，マイクと私は同じクラスでした。
＿＿ ＿＿ , Mike and I were in the same class.

英熟語 基本レベル

～のとなりに

プーさんはピグレット**のとなりに**すわりました。
Pooh sat ＿＿ ＿＿ Piglet.

英熟語 基本レベル

夜に

夜によく眠れないという人もいます。
Some people can't sleep well ＿＿ ＿＿ .

英熟語 基本レベル

朝に，午前中に

プーさんは**朝**早く起きます。
Pooh gets up early ＿＿ ＿＿ ＿＿ .

英熟語 基本レベル

今朝

ティガーは**今朝**，プーさんから手紙を受け取りました。
Tigger got a letter from Pooh ＿＿ ＿＿ .

英熟語 基本レベル

一日中

私は**一日中**，自分の部屋でテレビを見ました。
I watched TV ＿＿ ＿＿ in my room.

英熟語 基本レベル

一年中

私たちはここでは**一年中**泳ぐことができます。
We can swim here ＿＿ ＿＿ ＿＿ .

英熟語　基本レベル

far from ～

Tigger's house is not **far from** here.

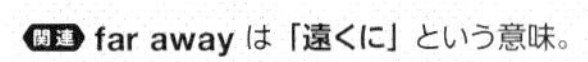

関連 **far away** は「遠くに」という意味。

英熟語　基本レベル

away from ～

Our school is about 5 kilometers **away from** here.

英熟語　基本レベル

from A to B

That shop is open **from** Monday **to** Saturday.

詳しく AとBには，時や場所を表す語句がくるよ。

英熟語　基本レベル

around the world

People **around the world** know Pooh.

英熟語　基本レベル

a kind of ～

This is **a kind of** musical instrument.

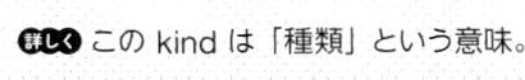

詳しく この kind は「種類」という意味。

英熟語　基本レベル　126

many kinds of ～

You can see **many kinds of** animals there.

英熟語　基本レベル　127

What kind of ～?

What kind of fruit do you like?
—I like apples.

英熟語　基本レベル

Here is ～.

Here is your present.

英熟語　基本レベル

Thank you for ～.

Thank you for your e-mail.

関連 Thanks for ～. はくだけた言い方。

英熟語　基本レベル

Welcome to ～.

Welcome to our school.

英熟語 基本レベル

いろいろな種類の～

▸ あなたはそこでいろいろな種類の動物を見ることができます。
▸ You can see ____ ____ ____ animals there.

英熟語 基本レベル

どんな種類の～

▸ どんな種類のくだものが好きですか。－りんごが好きです。
▸ ____ ____ ____ fruit do you like?－I like apples.

英熟語 基本レベル

ここに～があります。

▸ ここにあなたのプレゼントがありますよ。
▸ ____ ____ your present.

英熟語 基本レベル

～をありがとう。

▸ メールをありがとう。
▸ ____ ____ ____ your e-mail.

英熟語 基本レベル

～へようこそ。

▸ 私たちの学校へようこそ。
▸ ____ ____ our school.

英熟語 基本レベル

～から遠い，～から遠くに

▸ ティガーの家はここから遠くはありません。
▸ Tigger's house is not ____ ____ here.

英熟語 基本レベル

～から離れて

▸ 私たちの学校はここから5キロほど離れています。
▸ Our school is about 5 kilometers ____ ____ here.

英熟語 基本レベル

AからBまで

▸ あの店は月曜日から土曜日まで営業しています。
▸ That shop is open ____ Monday ____ Saturday.

英熟語 基本レベル

世界中で，世界中の

▸ 世界中の人々がプーさんを知っています。
▸ People ____ ____ ____ know Pooh.

英熟語 基本レベル

一種の～

▸ これは一種の楽器です。
▸ This is ____ ____ ____ musical instrument.

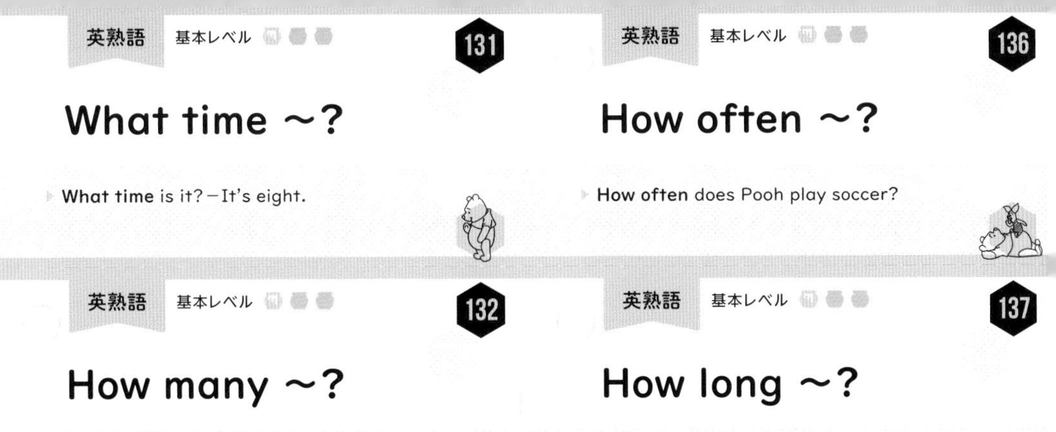

英熟語 基本レベル 131

What time ~?

▶ **What time** is it? − It's eight.

英熟語 基本レベル 132

How many ~?

▶ **How many** eggs do you need?

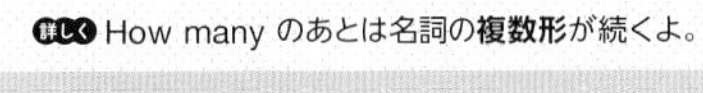

詳しく How many のあとは名詞の**複数形**が続くよ。

英熟語 基本レベル 133

How much ~?

▶ **How much** is it? − It's fifty dollars.

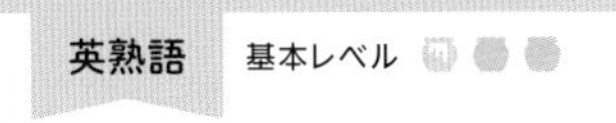

英熟語 基本レベル 134

How old ~?

▶ **How old** is your sister? − She's six years old.

詳しく 年齢だけでなく，物の古さをたずねるときにも使うよ。

英熟語 基本レベル 135

How about ~?

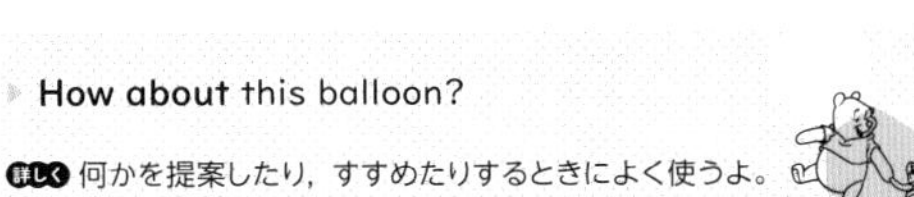

▶ **How about** this balloon?

詳しく 何かを提案したり，すすめたりするときによく使うよ。

英熟語 基本レベル 136

How often ~?

▶ **How often** does Pooh play soccer?

英熟語 基本レベル 137

How long ~?

▶ **How long** did he stay in Japan?

英熟語 基本レベル 138

How do you like ~?

▶ **How do you like** Japan?

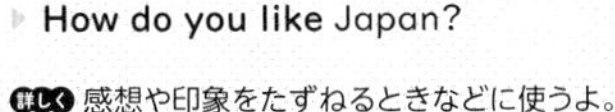

詳しく 感想や印象をたずねるときなどに使うよ。

英熟語 基本レベル 139

Can I ~?

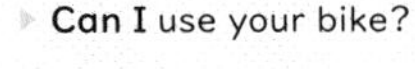

▶ **Can I** use your bike?

関連 ていねいにたずねるときは **May I ~?** を使うよ。

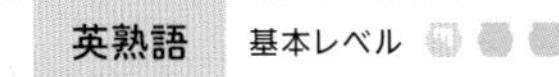

英熟語 基本レベル 140

Can you ~?

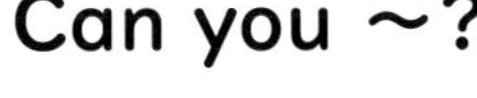

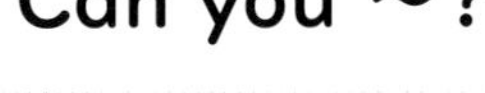

▶ **Can you** tell me about the book?

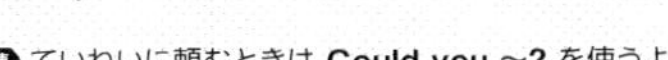

関連 ていねいに頼むときは **Could you ~?** を使うよ。

英熟語　基本レベル

どのくらいの頻度で～

©2021 Disney

プーさんはどのくらいの頻度でサッカーをしますか。
_____ _____ does Pooh play soccer?

英熟語　基本レベル

何時～

©2021 Disney

何時ですか。－8時です。
_____ _____ is it? －It's eight.

英熟語　基本レベル

どのくらい(長く)～

©2021 Disney

彼はどのくらい日本に滞在しましたか。
_____ _____ did he stay in Japan?

英熟語　基本レベル

(数をたずねて)いくつの～

©2021 Disney

あなたはいくつの卵が必要ですか。
_____ _____ eggs do you need?

英熟語　基本レベル

～はどうですか。/ ～をどう思いますか。

©2021 Disney

日本はどうですか。
_____ _____ _____ _____ Japan?

英熟語　基本レベル

(値段・量などをたずねて)(～は) いくら

©2021 Disney

いくらですか。－50ドルです。
_____ _____ is it? －It's fifty dollars.

英熟語　基本レベル

～してもいいですか。

©2021 Disney

あなたの自転車を使ってもいいですか。
_____ _____ use your bike?

英熟語　基本レベル

(～は) 何歳

©2021 Disney

あなたの妹さんは何歳ですか。－6歳です。
_____ _____ is your sister? －She's six years old.

英熟語　基本レベル

～してくれますか。

©2021 Disney

その本について私に話してくれますか。
_____ _____ tell me about the book?

英熟語　基本レベル

(提案などを表して)～はどうですか。

©2021 Disney

こちらの風船はどうですか。
_____ _____ this balloon?

英熟語　標準レベル

141

arrive at ～/ arrive in ～

▶ When he **arrived at** the station, it started to rain.

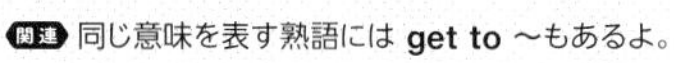

関連 同じ意味を表す熟語には **get to** ～もあるよ。

英熟語　標準レベル

142

ask … for ～

▶ Tigger **asked** Pooh **for** advice.

英熟語　標準レベル

143

begin to ～/ begin ～ing

▶ They **began to** study about the moon.

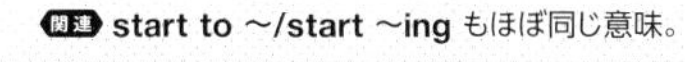

関連 **start to ～/start ～ing** もほぼ同じ意味。

英熟語　標準レベル

144

belong to ～

▶ I **belong to** the brass band.

詳しく 状態を表すので，進行形にはしないよ。

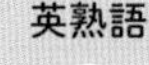

英熟語　標準レベル

145

change trains

▶ Where should I **change trains**?

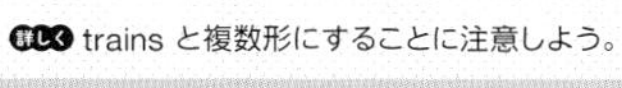

詳しく trains と複数形にすることに注意しよう。

英熟語　標準レベル

146

come back to ～

▶ When will Mike **come back to** our town?

英熟語　標準レベル

147

come out of ～

▶ Pooh **came out of** the hole.

英熟語　標準レベル

148

come true

▶ Your dreams will **come true**.

英熟語　標準レベル

149

decide to ～

▶ Piglet **decided to** go abroad.

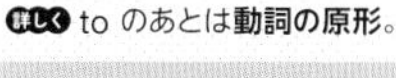

詳しく to のあとは**動詞の原形**。

英熟語　標準レベル

150

die of ～

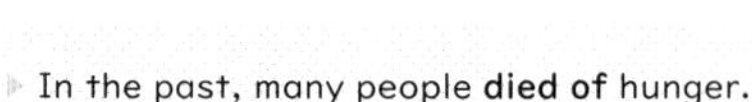

▶ In the past, many people **died of** hunger.

英熟語 標準レベル

～へ帰ってくる，～へ戻る

▶ マイクはいつ私たちの町へ帰ってくるでしょうか。
▶ When will Mike ＿＿ ＿＿ ＿＿ our town?

英熟語 標準レベル

～から出てくる

▶ プーさんが穴から出てきました。
▶ Pooh ＿＿ ＿＿ ＿＿ the hole.

英熟語 標準レベル

(夢などが)実現する

▶ あなたの夢は実現するでしょう。
▶ Your dreams will ＿＿ ＿＿ .

英熟語 標準レベル

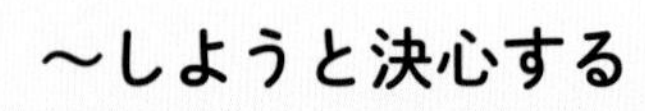

～しようと決心する

▶ ピグレットは外国へ行こうと決心しました。
▶ Piglet ＿＿ ＿＿ go abroad.

英熟語 標準レベル

～で死ぬ

▶ 昔は，多くの人が飢えで死にました。
▶ In the past, many people ＿＿ ＿＿ hunger.

英熟語 標準レベル

～に着く (≒get to ～)

▶ 彼が駅に着くと，雨が降り始めました。
▶ When he ＿＿ ＿＿ the station, it started to rain.

英熟語 標準レベル

…に～を頼む，…に～を求める

▶ ティガーはプーさんにアドバイスを求めました。
▶ Tigger ＿＿ Pooh ＿＿ advice.

英熟語 標準レベル

～し始める (≒start to ～ / start ～ing)

▶ 彼らは月について勉強し始めました。
▶ They ＿＿ ＿＿ study about the moon.

英熟語 標準レベル

～に所属する

▶ 私はブラスバンドに所属しています。
▶ I ＿＿ ＿＿ the brass band.

英熟語 標準レベル

電車を乗りかえる

▶ 私はどこで電車を乗りかえればよいですか。
▶ Where should I ＿＿ ＿＿ ?

英熟語　標準レベル

151

do my best

I'll **do my best.**

詳しく my の部分は主語によって，his，her などに変わるよ。

英熟語　標準レベル

152

do well

My sister **did well** in school.

英熟語　標準レベル

153

enjoy ~ing

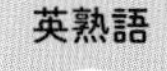

We **enjoyed camping** on the weekend.

詳しく enjoy に続く動詞は **ing形**にするよ。

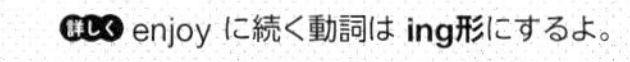

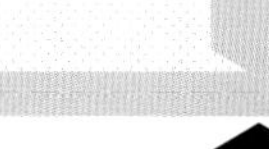

英熟語　標準レベル

154

fall asleep

The baby **fell asleep** at once.

英熟語　標準レベル

155

fall down

She **fell down** and hurt her arm.

英熟語　標準レベル

156

far away

Look at that castle **far away.**

関連 **away from** ～は「**～から離れて**」という意味。

英熟語　標準レベル

157

feel like ~ing

I **feel like singing.**

詳しく feel like に続く動詞は **ing形**にするよ。

英熟語　標準レベル

158

find out ~

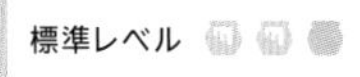

I'm sure they will **find out** the truth.

英熟語　標準レベル

159

finish ~ing

Pooh is going to **finish reading** the book today.

詳しく finish に続く動詞は **ing形**にするよ。

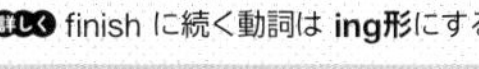

英熟語　標準レベル

160

forget to ~

She sometimes **forgets to** bring her lunch.

詳しく to のあとは**動詞の原形**。

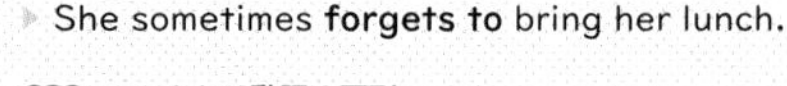

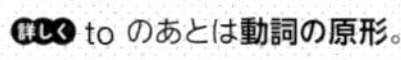

英熟語　標準レベル

遠く離れて

- 遠くにあるあのお城を見て。
- Look at that castle ____ ____ .

英熟語　標準レベル

〜したい気がする

- 私は歌いたい気分です。
- I ____ ____ ____ .

英熟語　標準レベル

〜を見つけ出す，〜だとわかる

- 彼らはきっと真実を見つけ出すでしょう。
- I'm sure they will ____ ____ the truth.

英熟語　標準レベル

〜し終える

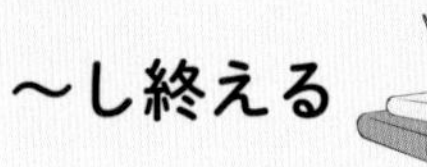

- プーさんは今日，その本を読み終えるつもりです。
- Pooh is going to ____ ____ the book today.

英熟語　標準レベル

〜するのを忘れる

- 彼女はときどき自分の昼食を持ってくるのを忘れます。
- She sometimes ____ ____ bring her lunch.

英熟語　標準レベル

自分の最善をつくす，全力をつくす

- 私は全力をつくします。
- I'll ____ ____ ____ .

英熟語　標準レベル

うまくやる

- 私の姉[妹]は学校でよい成績を取りました。
- My sister ____ ____ in school.

英熟語　標準レベル

〜することを楽しむ

- 私たちは週末にキャンプをして楽しみました。
- We ____ ____ on the weekend.

英熟語　標準レベル

寝入る

- その赤ちゃんはすぐに寝入ってしまいました。
- The baby ____ ____ at once.

英熟語　標準レベル

倒れる，落ちる

- 彼女は倒れて腕をけがしました。
- She ____ ____ and hurt her arm.

英熟語 標準レベル

161

get angry

He **got angry** when he heard the news.

詳しく この get は「～になる」という意味。

英熟語 標準レベル

162

get away

Tigger **got away** quickly.

英熟語 標準レベル

163

get back

When did Piglet **get back**?

英熟語 標準レベル

164

get together

Let's **get together** next Friday.

英熟語 標準レベル

165

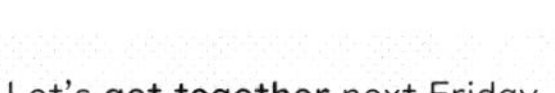

get well / get better

I hope you **get well[better]** soon.

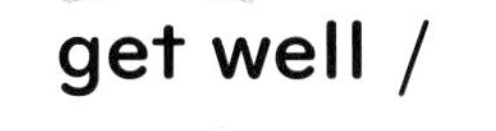

詳しく この well は「元気で」という意味。

英熟語 標準レベル

166

go shopping

Pooh is going to **go shopping** with Piglet.

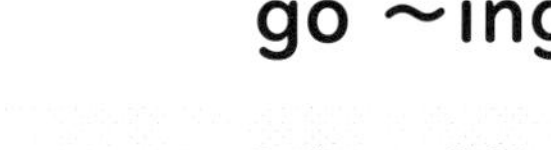

英熟語 標準レベル

167

go ～ing

Pooh **went fishing** in the river.

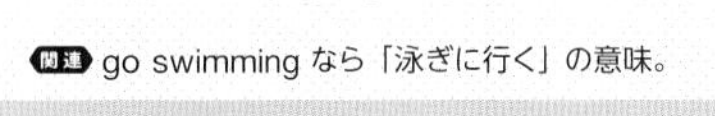

関連 go swimming なら「泳ぎに行く」の意味。

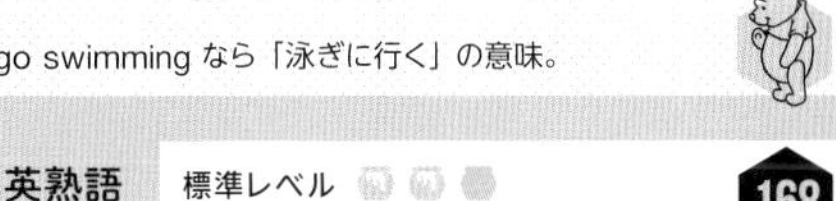

英熟語 標準レベル

168

go abroad

These days many students **go abroad**.

詳しく ×go *to* abroad としないこと。to はつけないよ。

英熟語 標準レベル

169

go away

The man said, "**Go away**."

英熟語 標準レベル

170

go by

Ten years **went by**, but he didn't come back.

英熟語　標準レベル

買い物に行く

©2021 Disney

▶ プーさんはピグレットと買い物に行く予定です。
▶ Pooh is going to ＿＿ ＿＿ with Piglet.

英熟語　標準レベル

怒る

©2021 Disney

▶ 彼はそのニュースを聞いて怒りました。
▶ He ＿＿ ＿＿ when he heard the news.

英熟語　標準レベル

～しに行く

©2021 Disney

▶ プーさんは川へ釣りに行きました。
▶ Pooh ＿＿ ＿＿ in the river.

英熟語　標準レベル

逃げる，立ち去る

©2021 Disney

▶ ティガーはすばやく逃げました。
▶ Tigger ＿＿ ＿＿ quickly.

英熟語　標準レベル

外国へ行く

©2021 Disney

▶ 近ごろ，多くの生徒が外国へ行きます。
▶ These days many students ＿＿ ＿＿ .

英熟語　標準レベル

戻る

©2021 Disney

▶ ピグレットはいつ戻りましたか。
▶ When did Piglet ＿＿ ＿＿ ?

英熟語　標準レベル

立ち去る

©2021 Disney

▶ その男性は「立ち去れ。」と言いました。
▶ The man said, “ ＿＿ ＿＿ .”

英熟語　標準レベル

集まる

©2021 Disney

▶ 次の金曜日に集まりましょう。
▶ Let’s ＿＿ ＿＿ next Friday.

英熟語　標準レベル

(時間が)過ぎる

©2021 Disney

▶ 10年がたちましたが，彼は戻ってきませんでした。
▶ Ten years ＿＿ ＿＿ , but he didn’t come back.

英熟語　標準レベル

(病気などから)よくなる

©2021 Disney

▶ 私はあなたがすぐによくなることを願っています。
▶ I hope you ＿＿ ＿＿ soon.

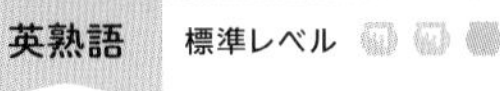

英熟語 標準レベル 171

go through ~

▶ The bus **went through** the town.

英熟語 標準レベル 172

grow up

▶ I want to be a pilot when I **grow up.**

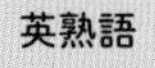

英熟語 標準レベル 173

have a cold

▶ I think you **have a cold.**

関連 **catch a cold** は「**かぜをひく**」という意味。

英熟語 標準レベル 174

have a headache

▶ What's wrong? ─ I **have a headache.**

英熟語 標準レベル 175

have a party

▶ Pooh is going to **have a party** on Sunday.

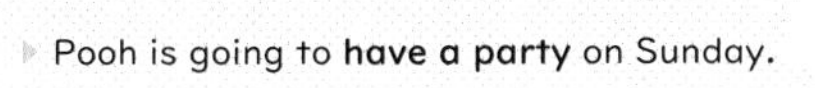

英熟語 標準レベル 176

have to ~

▶ Roo **has to** go home early.

詳しく 主語が3人称単数で現在の文のときは，**has to** ~。

英熟語 標準レベル 177

hear about ~

▶ I'm glad to **hear about** your school life.

関連 **hear from** ~は「**~から連絡がある**」という意味。

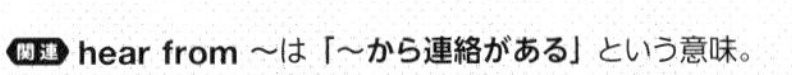

英熟語 標準レベル 178

hear from ~

▶ I'm happy to **hear from** my friend in China.

関連 **hear about** ~は「**~について聞く**」という意味。

英熟語 標準レベル 179

keep ~ing

▶ They **kept talking** to Piglet.

詳しく keep に続く動詞は **ing形**にするよ。

英熟語 標準レベル 180

keep in touch

▶ Let's **keep in touch.**

英熟語　標準レベル

～しなければならない

▶ ルーは家に早く帰らなければなりません。

▶ Roo ____ ____ go home early.

英熟語　標準レベル

～について聞く

▶ 私はあなたの学校生活について聞くことができてうれしいです。

▶ I'm glad to ____ ____ your school life.

英熟語　標準レベル

～から連絡がある

▶ 私は中国にいる友達から連絡があってうれしいです。

▶ I'm happy to ____ ____ my friend in China.

英熟語　標準レベル

～し続ける

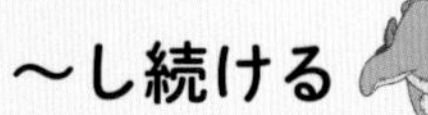

▶ 彼らはピグレットに話し続けました。

▶ They ____ ____ to Piglet.

英熟語　標準レベル

連絡を取り合う

▶ 連絡を取り合いましょう。

▶ Let's ____ ____ ____ .

英熟語　標準レベル

～を通り抜ける

▶ バスは町を通り抜けました。

▶ The bus ____ ____ the town.

英熟語　標準レベル

大人になる，成長する

▶ 私は大人になったらパイロットになりたいです。

▶ I want to be a pilot when I ____ ____ .

英熟語　標準レベル

かぜをひいている

▶ あなたはかぜをひいていると思います。

▶ I think you ____ ____ ____ .

英熟語　標準レベル

頭痛がする

▶ どうしたのですか。－私は頭痛がします。

▶ What's wrong? －I ____ ____ ____ .

英熟語　標準レベル

パーティーを開く

▶ プーさんは日曜日にパーティーを開く予定です。

▶ Pooh is going to ____ ____ ____ on Sunday.

英熟語 標準レベル

181

like ~ (the) best

▶ I **like** bears **the best** of all animals.

関連 **like A better than B** は「BよりもAのほうが好きだ」。

英熟語 標準レベル

182

like A better than B

▶ I **like** spring **better than** winter.

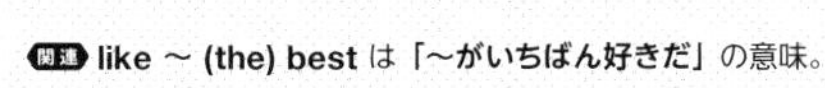

関連 **like ~ (the) best** は「~がいちばん好きだ」の意味。

英熟語 標準レベル

183

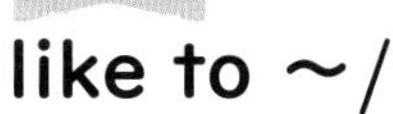

like to ~/ like ~ing

▶ I **like to play** soccer with my friends.

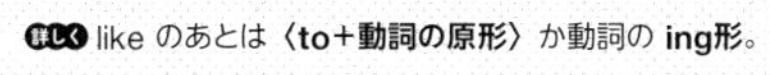

詳しく like のあとは〈**to+動詞の原形**〉か動詞の **ing形**。

英熟語 標準レベル

184

look forward to ~

▶ I'm **looking forward to** your letter.

詳しく この to のあとに動詞がくるときは，**ing形**にすること。

英熟語 標準レベル

185

look like ~

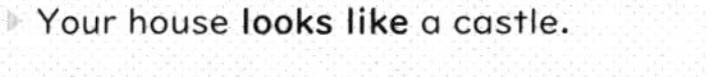

▶ Your house **looks like** a castle.

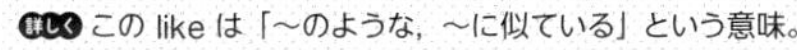

詳しく この like は「~のような，~に似ている」という意味。

英熟語 標準レベル

186

point to ~

▶ She **pointed to** the building on the hill.

英熟語 標準レベル

187

put … in ~

▶ He **put** it **in** his pocket.

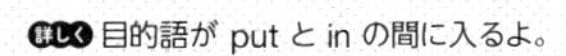

詳しく 目的語が put と in の間に入るよ。

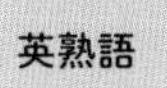

英熟語 標準レベル

188

run away

▶ When the boy saw Ms. Smith, he **ran away**.

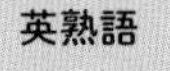

英熟語 標準レベル

189

see a doctor

▶ You don't look well. You should **see a doctor**.

英熟語 標準レベル

190

show ~ around …

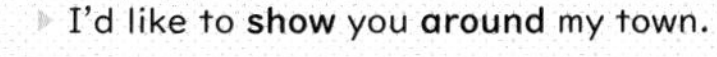

▶ I'd like to **show** you **around** my town.

英熟語　標準レベル

～を指さす

▶ 彼女は丘の上の建物を指さしました。
▶ She ____ ____ the building on the hill.

英熟語　標準レベル

(物)を～に入れる

▶ 彼はそれをポケットに入れました。
▶ He ____ it ____ his pocket.

英熟語　標準レベル

走り去る，逃げる

▶ その少年はスミスさんを見ると，走り去りました。
▶ When the boy saw Ms. Smith, he ____ ____ .

英熟語　標準レベル

医者にみてもらう

▶ 具合が悪そうですね。医者にみてもらうべきですよ。
▶ You don't look well. You should ____ ____ ____ .

英熟語　標準レベル

(人)に…を案内する

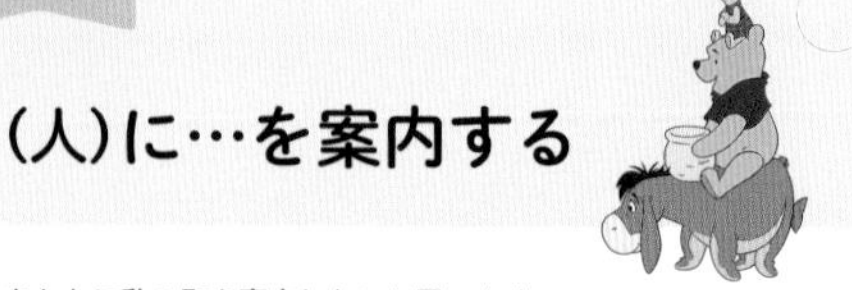

▶ あなたに私の町を案内したいと思います。
▶ I'd like to ____ you ____ my town.

英熟語　標準レベル

～がいちばん好きだ

▶ 私は全部の動物の中でくまがいちばん好きです。
▶ I ____ bears ____ ____ of all animals.

英熟語　標準レベル

BよりもAのほうが好きだ

▶ 私は冬よりも春のほうが好きです。
▶ I ____ spring ____ ____ winter.

英熟語　標準レベル

～することが好きだ

▶ 私は友達といっしょにサッカーをするのが好きです。
▶ I ____ ____ ____ soccer with my friends.

英熟語　標準レベル

～を楽しみに待つ

▶ 私はあなたからの手紙を楽しみに待っています。
▶ I'm ____ ____ ____ your letter.

英熟語　標準レベル

～のように見える，～に似ている

▶ あなたの家はお城のように見えます。
▶ Your house ____ ____ a castle.

英熟語　標準レベル　191

make a mistake

▶ I **made a mistake** on the test.

英熟語　標準レベル　192

make a speech

▶ I'm going to **make a speech** at school next week.

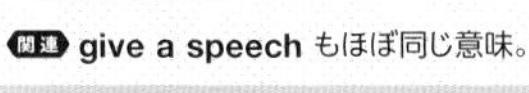

関連 **give a speech** もほぼ同じ意味。

英熟語　標準レベル　193

sound like ～

▶ That **sounds like** a good idea.

詳しく この like は「～のような，～に似ている」の意味。

英熟語　標準レベル　194

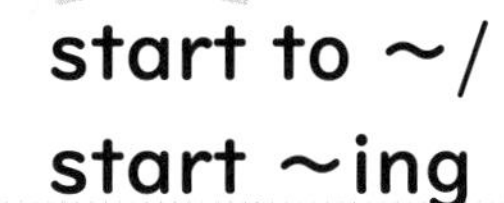

start to ～/ start ～ing

▶ It **started to** rain.

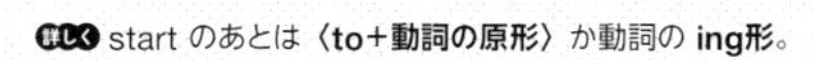

詳しく start のあとは〈**to＋動詞の原形**〉か動詞の **ing形**。

英熟語　標準レベル　195

start with ～

▶ Let's **start with** the first question.

英熟語　標準レベル　196

stay at ～/ stay in ～

▶ Mr. Brown **stayed in** Japan for three months.

詳しく at は比較的狭い地点，in は比較的広い範囲に使う。

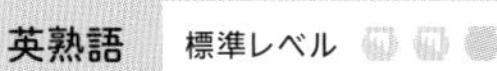

英熟語　標準レベル　197

stay up

▶ Pooh **stayed up** late last night.

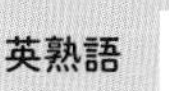

英熟語　標準レベル　198

stay with ～

▶ I'm going to **stay with** a host family for a week.

英熟語　標準レベル　199

stop ～ing

▶ You should **stop watching** TV.

詳しく〈stop to＋動詞の原形〉は「～するために立ち止まる」。

英熟語　標準レベル　200

take ～ to …

▶ I **took** my parents **to** a nice cafe.

英熟語　標準レベル

～に滞在する

ブラウンさんは3か月間，日本に**滞在**しました。

Mr. Brown ＿＿ ＿＿ Japan for three months.

英熟語　標準レベル

(寝ないで)起きている，夜ふかしする

プーさんは昨夜，遅くまで**起きていました**。

Pooh ＿＿ ＿＿ late last night.

英熟語　標準レベル

～の家に泊まる

私は1週間，ホストファミリー**の家に泊まる**予定です。

I'm going to ＿＿ ＿＿ a host family for a week.

英熟語　標準レベル

～するのをやめる

あなたはテレビを見る**のをやめる**べきです。

You should ＿＿ ＿＿ TV.

英熟語　標準レベル

(人)を…に連れていく

私は両親をすてきなカフェ**に連れていきました**。

I ＿＿ my parents ＿＿ a nice cafe.

英熟語　標準レベル

間違える

私はテストで**間違えました**。

I ＿＿ ＿＿ ＿＿ on the test.

英熟語　標準レベル

スピーチをする (≒give a speech)

私は来週，学校で**スピーチをする**予定です。

I'm going to ＿＿ ＿＿ ＿＿ at school next week.

英熟語　標準レベル

～のように聞こえる

それはいい考え**のように聞こえます**。(いい考えですね。)

That ＿＿ ＿＿ a good idea.

英熟語　標準レベル

～し始める (≒begin to ～ / begin ～ing)

雨が降り**始めました**。

It ＿＿ ＿＿ rain.

英熟語　標準レベル

～で始まる，～から始める

最初の問題**から始めましょう**。

Let's ＿＿ ＿＿ the first question.

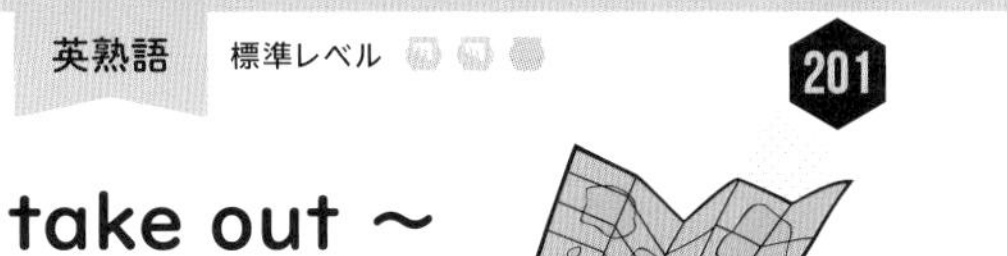

英熟語 標準レベル

201

take out ~

I **took out** a map from my bag.

英熟語 標準レベル

202

throw away ~

Don't **throw away** those books.

英熟語 標準レベル

203

try to ~

We should **try to** understand each other.

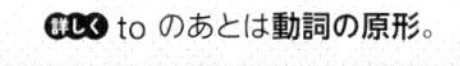

詳しく to のあとは**動詞の原形**。

英熟語 標準レベル

204

want to ~

What do you **want to** be in the future?

詳しく to のあとは**動詞の原形**。

英熟語 標準レベル

205

wish for ~

All parents **wish for** their children's happiness.

英熟語 標準レベル

206

worry about ~

You don't have to **worry about** the weather.

英熟語 標準レベル

207

be afraid of ~

Why **are** you **afraid of** dogs?

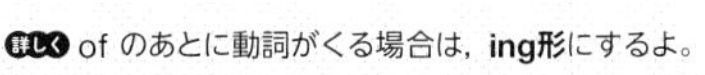

詳しく of のあとに動詞がくる場合は，**ing形**にするよ。

英熟語 標準レベル

208

be born

Pooh **was born** on August 21.

詳しく 過去の文で使うことが多いよ。

英熟語 標準レベル

209

be busy with ~

We **are busy with** our homework every day.

英熟語 標準レベル

210

be famous for ~

Our town **is famous for** its beautiful flowers.

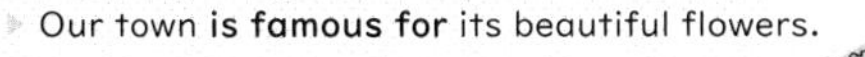

英熟語　標準レベル

～について心配する

▶ 天気について心配する必要はありません。
▶ You don't have to ____ ____ the weather.

英熟語　標準レベル

～をこわがる，～をおそれる

▶ なぜあなたは犬をこわがるのですか。
▶ Why ____ you ____ ____ dogs?

英熟語　標準レベル

生まれる

▶ プーさんは8月21日に生まれました。
▶ Pooh ____ ____ on August 21.

英熟語　標準レベル

～で忙しい

▶ 私たちは毎日，宿題で忙しい。
▶ We ____ ____ ____ our homework every day.

英熟語　標準レベル

～で有名である

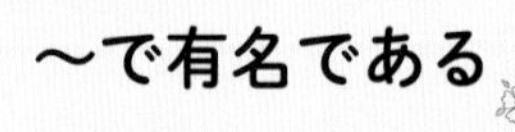

▶ 私たちの町は美しい花で有名です。
▶ Our town ____ ____ ____ its beautiful flowers.

英熟語　標準レベル

～を取り出す

▶ 私は自分のかばんから地図を取り出しました。
▶ I ____ ____ a map from my bag.

英熟語　標準レベル

～を捨てる

▶ その本を捨てないでください。
▶ Don't ____ ____ those books.

英熟語　標準レベル

～しようとする

▶ 私たちはお互いを理解しようとするべきです。
▶ We should ____ ____ understand each other.

英熟語　標準レベル

～したい

▶ あなたは将来，何になりたいですか。
▶ What do you ____ ____ be in the future?

英熟語　標準レベル

～を望む

▶ すべての親は子どもたちの幸せを望んでいます。
▶ All parents ____ ____ their children's happiness.

英熟語　標準レベル

211

be going to ～

I'm **going to** eat honey tomorrow.

詳しく 未来のことを表すときに使うよ。

英熟語　標準レベル

212

be happy to ～/ be glad to ～

I'm **happy[glad] to** see Pooh again.

詳しく to のあとは**動詞の原形**。

英熟語　標準レベル

213

be interested in ～

Tigger **is interested in** cooking.

詳しく be は，主語と現在・過去によって形を使い分けよう。

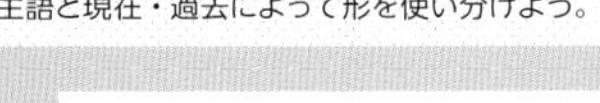

英熟語　標準レベル

214

be over

When the game **was over**, he was sleeping.

英熟語　標準レベル

215

be popular among ～

She **is popular among** young girls.

詳しく among の代わりに with を使うこともあるよ。

英熟語　標準レベル

216

be proud of ～

I'm **proud of** my daughter.

英熟語　標準レベル

217

be ready to ～

Are you **ready to** leave, Piglet?

詳しく to のあとは**動詞の原形**。

英熟語　標準レベル

218

be sick in bed

Tom has **been sick in bed** since last week.

英熟語　標準レベル

219

without ～ing

They sat for hours **without saying** a word.

詳しく without に続く動詞は **ing形**にするよ。

英熟語　標準レベル

220

a few ～

A few days later, we went to the beach.

詳しく あとに数えられる名詞を続けるよ。

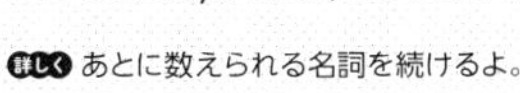

英熟語　標準レベル

～を誇りに思う

©2021 Disney

▶ 私は娘のことを誇りに思います。
▶ ____ ____ ____ my daughter.

英熟語　標準レベル

～する用意ができている

©2021 Disney

▶ 出発する用意ができているの，ピグレット。
▶ ____ you ____ ____ leave, Piglet?

英熟語　標準レベル

病気で寝ている

©2021 Disney

▶ トムは先週から病気で寝ています。
▶ Tom has ____ ____ ____ ____ since last week.

英熟語　標準レベル

～しないで，～せずに

©2021 Disney

▶ 彼らは一言も言わないで何時間もすわっていました。
▶ They sat for hours ____ ____ a word.

英熟語　標準レベル

少しの～，2, 3の～

©2021 Disney

▶ 2，3日後，私たちはビーチへ行きました。
▶ ____ ____ days later, we went to the beach.

英熟語　標準レベル

～するつもりだ

©2021 Disney

▶ 私は明日，はちみつを食べるつもりです。
▶ ____ ____ ____ eat honey tomorrow.

英熟語　標準レベル

～してうれしい

©2021 Disney

▶ 私はプーさんにまた会えてうれしいです。
▶ ____ ____ ____ see Pooh again.

英熟語　標準レベル

～に興味がある

©2021 Disney

▶ ティガーは料理に興味があります。
▶ Tigger ____ ____ ____ cooking.

英熟語　標準レベル

終わる

©2021 Disney

▶ 試合が終わったとき，彼は眠っていました。
▶ When the game ____ ____ , he was sleeping.

英熟語　標準レベル

～の間で人気がある

©2021 Disney

▶ 彼女は若い女の子たちの間で人気があります。
▶ She ____ ____ ____ young girls.

英熟語 標準レベル

221

a pair of ～

▶ She got **a pair of** shoes.

英熟語 標準レベル

222

a piece of ～

▶ This box is made of **a piece of** paper.

詳しく 数えられない名詞の数を表すときに使う。

英熟語 標準レベル

223

again and again

▶ He asked me the same question **again and again.**

英熟語 標準レベル

224

all around ～

▶ There are many flowers **all around** the town.

英熟語 標準レベル

225

all over ～

▶ Sushi is eaten **all over** the world.

英熟語 
標準レベル

226

as ～ as …

▶ I'm **as** tall **as** my brother.

詳しく as と as の間には，形容詞・副詞の原級が入るよ。

英熟語 標準レベル

227

as ～ as you can

▶ You have to practice **as** hard **as you can.**

詳しく **as ～ as possible** で書きかえることもできるよ。

英熟語 標準レベル

228

as soon as ～

▶ I called her **as soon as** I arrived there.

関連 as soon as possible なら「できるだけ早く」。

英熟語 標準レベル

229

at first

▶ **At first**, I didn't understand French.

英熟語 標準レベル

230

at last

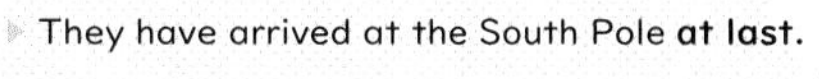

▶ They have arrived at the South Pole **at last**.

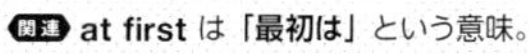

関連 **at first** は「**最初は**」という意味。

英熟語 標準レベル

…と同じくらい～

▶ 私は兄[弟]と同じくらいの背の高さです。
▶ I'm ____ tall ____ my brother.

英熟語 標準レベル

できるだけ～

▶ あなたはできるだけ熱心に練習しなければなりません。
▶ You have to practice ____ hard ____ ____ ____ .

英熟語 標準レベル

～するとすぐに

▶ 私はそこに着くとすぐに彼女に電話をしました。
▶ I called her ____ ____ ____ I arrived there.

英熟語 標準レベル

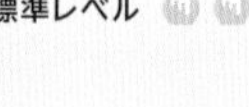

最初は

▶ 最初は，私はフランス語がわかりませんでした。
▶ ____ ____ , I didn't understand French.

英熟語 標準レベル

ついに，とうとう

▶ 彼らはついに南極に到達しました。
▶ They have arrived at the South Pole ____ ____ .

英熟語 標準レベル

一組の～

▶ 彼女は１足の靴を手に入れました。
▶ She got ____ ____ ____ shoes.

英熟語 標準レベル

1枚の～，1切れの～

▶ この箱は１枚の紙で作られています。
▶ This box is made of ____ ____ ____ paper.

英熟語 標準レベル

何度も，くり返して（≒over and over）

▶ 彼は私に同じ質問を何度もしました。
▶ He asked me the same question ____ ____ ____ .

英熟語 標準レベル

～中(じゅう)に，あたり一面に（≒all over ～）

▶ 町中にたくさんの花があります。
▶ There are many flowers ____ ____ the town.

英熟語 標準レベル

～中(じゅう)で，～のいたるところで（≒all around ～）

▶ すしは世界中で食べられています。
▶ Sushi is eaten ____ ____ the world.

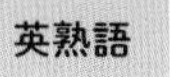 

英熟語 標準レベル 231

at once

▶ When I arrived there, he talked to me **at once.**

英熟語 標準レベル 232

once a week

▶ Piglet practices the drum **once a week.**

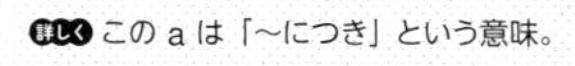

詳しく このａは「〜につき」という意味。

 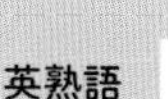 

英熟語 標準レベル 233

one day

▶ **One day** in May, Pooh went camping with Eeyore.

英熟語 標準レベル 234

the other day

▶ I met Mr. Brown **the other day.**

詳しく ふつう過去の文で使われるよ。

英熟語 標準レベル 235

the next day

▶ **The next day,** I sent Jack some pictures.

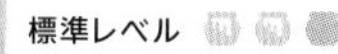   

英熟語 標準レベル 236

this time

▶ I'm going to visit Nara **this time.**

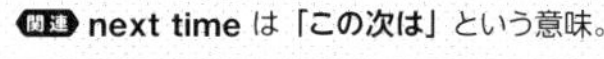

関連 **next time** は「**この次は**」という意味。

英熟語 標準レベル 237

next time

▶ I'd like to try something new **next time.**

英熟語 標準レベル 238

in the future

▶ What do you want to be **in the future?**

詳しく want to be 〜（〜になりたい）とよくいっしょに使う。

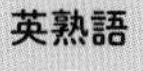 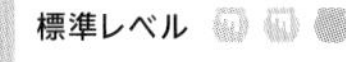 

英熟語 標準レベル 239

for a while

▶ Tigger thought **for a while.**

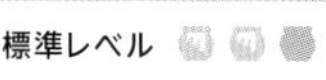  

英熟語 標準レベル 240

at that time

▶ Pooh was in his room **at that time.**

英熟語　標準レベル

今回は

▶ 私は今回は奈良を訪問するつもりです。
▶ I'm going to visit Nara ____ ____ .

英熟語　標準レベル

この次は

▶ この次は何か新しいことを試してみたいです。
▶ I'd like to try something new ____ ____ .

英熟語　標準レベル

将来は

▶ あなたは将来，何になりたいですか。
▶ What do you want to be ____ ____ ____ ?

英熟語　標準レベル

しばらくの間

▶ ティガーはしばらくの間考えました。
▶ Tigger thought ____ ____ ____ .

英熟語　標準レベル

そのとき，当時

▶ プーさんはそのとき自分の部屋にいました。
▶ Pooh was in his room ____ ____ .

英熟語　標準レベル

すぐに

▶ 私がそこに着くと，彼がすぐに私に話しかけてきました。
▶ When I arrived there, he talked to me ____ ____ .

英熟語　標準レベル

週に1回

▶ ピグレットは週に 1 回たいこを練習します。
▶ Piglet practices the drum ____ ____ ____ .

英熟語　標準レベル

ある日，いつか

▶ 5月のある日，プーさんはイーヨーとキャンプに行きました。
▶ ____ ____ in May, Pooh went camping with Eeyore.

英熟語　標準レベル

先日

▶ 私は先日，ブラウンさんに会いました。
▶ I met Mr. Brown ____ ____ ____ .

英熟語　標準レベル

その翌日，次の日

▶ その翌日，私はジャックに写真を何枚か送りました。
▶ ____ ____ ____ , I sent Jack some pictures.

英熟語　標準レベル　**241**

long ago

▶ This tool was used in Japan **long ago.**

関連 **a long time ago** もほぼ同じ意味。

英熟語　標準レベル　**242**

a long time ago

▶ **A long time ago,** there was a big clock here.

関連 **long ago** もほぼ同じ意味。

英熟語　標準レベル　**243**

between A and B

▶ I'll call you **between** nine **and** ten.

英熟語　標準レベル　**244**

both of ～

▶ **Both of** those words mean "move."

英熟語　標準レベル　**245**

either A or B

▶ **Either** you **or** I have to go there.

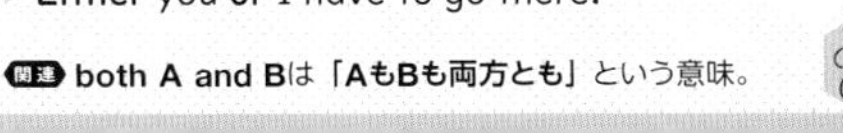

関連 **both A and B**は「**AもBも両方とも**」という意味。

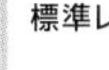

英熟語　標準レベル　**246**

after all

▶ We became friends again **after all.**

英熟語　標準レベル　**247**

by the way

▶ **By the way,** when is he going to leave here?

詳しく 話の途中で話題を変えるときに使うよ。

英熟語　標準レベル　**248**

in fact

▶ He says math is difficult, but **in fact** it's easy.

英熟語　標準レベル　**249**

in front of ～

▶ Pooh is standing **in front of** the presents.

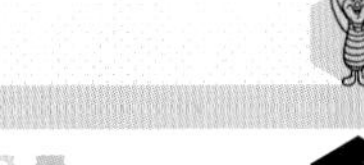

英熟語　標準レベル　**250**

in need

▶ A friend **in need** is a friend indeed.

詳しく この need は名詞で「困った事態，必要」という意味。

英熟語　標準レベル

結局

▶ 私たちは結局，仲直りしました。
▶ We became friends again ____ ____ .

英熟語　標準レベル

ところで

▶ ところで，彼はいつここを出発する予定ですか。
▶ ____ ____ ____ , when is he going to leave here?

英熟語　標準レベル

実は，実際は

▶ 彼は数学が難しいと言いますが，実は簡単です。
▶ He says math is difficult, but ____ ____ it's easy.

英熟語　標準レベル

～の前に

▶ プーさんはプレゼントの前に立っています。
▶ Pooh is standing ____ ____ ____ the presents.

英熟語　標準レベル

困っている

▶ 困ったときの友こそ真の友。（ことわざ）
▶ A friend ____ ____ is a friend indeed.

英熟語　標準レベル

ずっと前に

▶ この道具はずっと前に日本で使われていました。
▶ This tool was used in Japan ____ ____ .

英熟語　標準レベル

ずっと前に

▶ ずっと前にここには大きな時計がありました。
▶ ____ ____ ____ ____ , there was a big clock here.

英熟語　標準レベル

AとBの間に

▶ 9時と10時の間にあなたに電話をします。
▶ I'll call you ____ nine ____ ten.

英熟語　標準レベル

～の両方とも

▶ それらの単語の両方とも「移動する」という意味です。
▶ ____ ____ those words mean "move."

英熟語　標準レベル

AかBのどちらか

▶ あなたか私のどちらかがそこに行かなければなりません。
▶ ____ you ____ I have to go there.

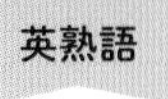

英熟語 標準レベル

251

in return

Tigger gave Pooh a present **in return.**

英熟語 標準レベル

252

in this way

Tigger spends his vacation **in this way** every year.

英熟語 標準レベル

253

in time

Sam arrived at school just **in time.**

関連 **on time** は「**時間通りに**」という意味。

英熟語 標準レベル

254

instead of ～

My mother bought me a book **instead of** a toy.

英熟語 標準レベル

255

little by little

Pooh ate the cookie **little by little.**

英熟語 標準レベル

256

more than ～

Our school had **more than** 300 students last year.

英熟語 標準レベル

257

most of ～

Most of the children are interested in sports.

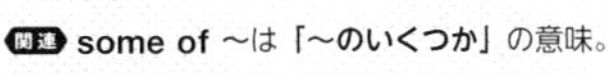

関連 **some of** ～は「**～のいくつか**」の意味。

英熟語 標準レベル

258

need to ～

We **need to** think about our future.

関連 **have to** ～は「**～しなければならない**」という意味。

英熟語 標準レベル

259

don't have to ～

You **don't have to** worry about that.

関連 **don't need to** ～もほぼ同じ意味。

英熟語 標準レベル

260

not as ～ as …

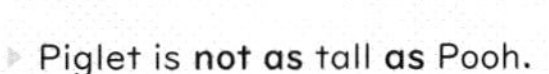

Piglet is **not as** tall **as** Pooh.

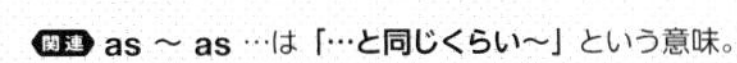

関連 **as ～ as** …は「**…と同じくらい～**」という意味。

英熟語　標準レベル

～以上，～より多くの

▶ 私たちの学校は昨年300人**より多くの**生徒がいました。
▶ Our school had ____ ____ 300 students last year.

英熟語　標準レベル

～の大部分，たいていの～

▶ その子どもたちの**大部分**はスポーツに興味があります。
▶ ____ ____ the children are interested in sports.

英熟語　標準レベル

～する必要がある

▶ 私たちは自分たちの将来について考える**必要があります**。
▶ We ____ ____ think about our future.

英熟語　標準レベル

～する必要はない

▶ あなたはそのことを心配する**必要はありません**。
▶ You ____ ____ ____ worry about that.

英熟語　標準レベル

…ほど～ではない

▶ ピグレットはプーさん**ほど**背が高く**ありません**。
▶ Piglet is ____ ____ tall ____ Pooh.

英熟語　標準レベル

お返しに

▶ ティガーはプーさんに**お返しに**プレゼントをあげました。
▶ Tigger gave Pooh a present ____ ____ .

英熟語　標準レベル

このように

▶ ティガーは毎年**このように**休暇を過ごします。
▶ Tigger spends his vacation ____ ____ ____ every year.

英熟語　標準レベル

間に合って

▶ サムはちょうど**間に合うように**学校に着きました。
▶ Sam arrived at school just ____ ____ .

英熟語　標準レベル

～の代わりに

▶ 母はおもちゃ**の代わりに**本を私に買ってくれました。
▶ My mother bought me a book ____ ____ a toy.

英熟語　標準レベル

少しずつ

▶ プーさんは**少しずつ**そのクッキーを食べました。
▶ Pooh ate the cookie ____ ____ ____ .

英熟語 標準レベル

261

of all

I like Pooh the best **of all.**

詳しく 最上級の文でよく使われるよ。

英熟語 標準レベル

262

on foot

Do you come here **on foot** or by bike?

英熟語 標準レベル

263

out of ~

He took some coins **out of** his pocket.

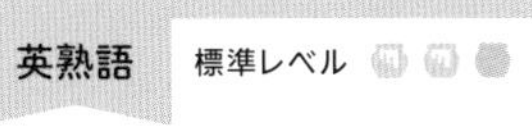

英熟語 標準レベル

264

some ~ others …

Some children like sports, **others** do not.

英熟語 標準レベル

265

some day

I want to go abroad **some day.**

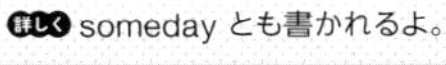

詳しく someday とも書かれるよ。

英熟語 標準レベル

266

because of ~

Many buses were late **because of** the snow.

関連 **thanks to** ~は「**~のおかげで**」という意味。

英熟語 標準レベル

267

thanks to ~

Thanks to you, I won first prize.

関連 **because of** ~は「**~のために**」という意味。

英熟語 標準レベル

268

the number of ~

The number of electric cars here is increasing.

詳しく of に続く名詞は複数形。

英熟語 標準レベル

269

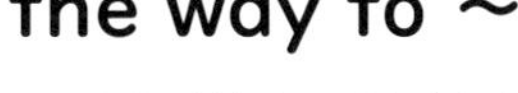

the way to ~

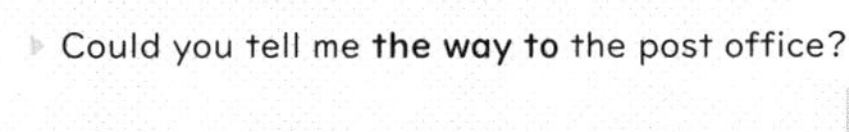

Could you tell me **the way to** the post office?

英熟語 標準レベル

270

I hear (that) ~.

I hear that Ken's aunt lives in London.

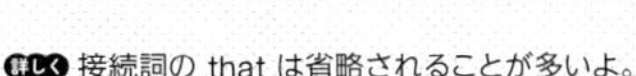

詳しく 接続詞の that は省略されることが多いよ。

英熟語　標準レベル

(原因・理由を表して)
～のために

▶ 雪のために多くのバスが遅れました。
▶ Many buses were late ____ ____ the snow.

英熟語　標準レベル

～のおかげで

▶ あなたがたのおかげで，私は優勝しました。
▶ ____ ____ you, I won first prize.

英熟語　標準レベル

～の数

▶ ここでは電気自動車の数は増えています。
▶ ____ ____ ____ electric cars here is increasing.

英熟語　標準レベル

～へ行く道，
～する方法

▶ 郵便局へ行く道を教えていただけますか。
▶ Could you tell me ____ ____ ____ the post office?

英熟語　標準レベル

(人から聞いた情報を伝えて)
～だそうだ。

▶ 健のおばさんはロンドンに住んでいるそうです。
▶ ____ ____ ____ Ken's aunt lives in London.

英熟語　標準レベル

すべての中で

▶ 私はすべての中でプーさんがいちばん好きです。
▶ I like Pooh the best ____ ____.

英熟語　標準レベル

徒歩で

▶ あなたはここへは徒歩で来ますか，それとも自転車で来ますか。
▶ Do you come here ____ ____ or by bike?

英熟語　標準レベル

～から(外へ)

▶ 彼はポケットからコインを何枚か取り出しました。
▶ He took some coins ____ ____ his pocket.

英熟語　標準レベル

～もいれば…もいる

▶ スポーツが好きな子どももいれば，そうでない子どももいます。
▶ ____ children like sports, ____ do not.

英熟語　標準レベル 

(未来の)いつか

▶ 私はいつか外国へ行きたいです。
▶ I want to go abroad ____ ____.

英熟語　標準レベル

271

I hope (that) ～.

I hope that you have a good time here.

詳しく 接続詞の that は省略されることが多いよ。

英熟語　標準レベル

272

I think (that) ～.

I think that we should learn about foreign cultures.

詳しく 接続詞の that は省略されることが多いよ。

英熟語　標準レベル

273

I'm afraid (that) ～.

I'm afraid that it'll be rainy tomorrow.

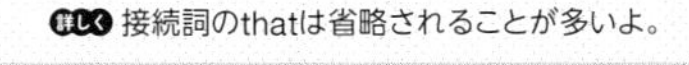

詳しく 接続詞のthatは省略されることが多いよ。

英熟語　標準レベル

274

Shall I ～?

Shall I bring you something to drink?

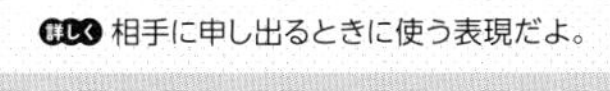

詳しく 相手に申し出るときに使う表現だよ。

英熟語　標準レベル

275

Shall we ～?

Shall we play tennis after school?

詳しく 相手を誘うときに使う表現だよ。

英熟語　標準レベル

276

Why don't you ～?

Why don't you come with me?

詳しく 相手を誘うときや，何かを提案するときに使うよ。

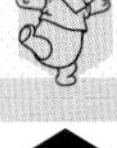

英熟語　標準レベル

277

Why don't we ～?

Why don't we go to a movie tonight?

詳しく 相手を誘うときに使うよ。

英熟語　標準レベル

278

Will you ～?

Will you tell me the way to the station?

英熟語　標準レベル

279

Could you ～?

Could you say that again?

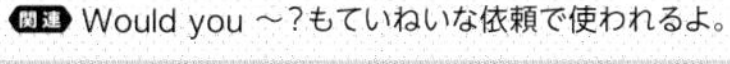

関連 Would you ～?もていねいな依頼で使われるよ。

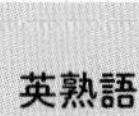

英熟語　標準レベル

280

May I ～?

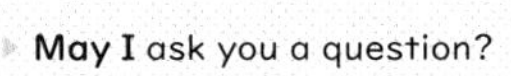

May I ask you a question?

英熟語 標準レベル

～しませんか。/ ～してはどうですか。

©2021 Disney

私といっしょに来ませんか。
____ ____ ____ come with me?

英熟語 標準レベル

いっしょに～しませんか。

©2021 Disney

今夜，いっしょに映画を見に行きませんか。
____ ____ ____ go to a movie tonight?

英熟語 標準レベル

～してくれますか。

©2021 Disney

駅へ行く道を教えてくれますか。
____ ____ tell me the way to the station?

英熟語 標準レベル

～していただけますか。(Can you ～? のていねいな言い方)

©2021 Disney

それをもう一度言っていただけますか。
____ ____ say that again?

英熟語 標準レベル

～してもよろしいですか。(Can I ～? よりていねいな言い方)

©2021 Disney

あなたに質問をしてもよろしいですか。
____ ____ ask you a question?

英熟語 標準レベル

～だといいと思う。

©2021 Disney

あなたがここで楽しい時間を過ごせるといいと思います。
____ ____ ____ you have a good time here.

英熟語 標準レベル

～だと思う。

©2021 Disney

私たちは外国の文化を学ぶべきだと思います。
____ ____ ____ we should learn about foreign cultures.

英熟語 標準レベル

(残念ながら)～ではないかと思う。

Splish
Splosh

©2021 Disney

残念だけど明日は雨が降るようです。
____ ____ ____ it'll be rainy tomorrow.

英熟語 標準レベル

(申し出) (私が)～しましょうか。

©2021 Disney

あなたに何か飲むものを(私が)持ってきましょうか。
____ ____ bring you something to drink?

英熟語 標準レベル

(誘い) (私たちは)～しましょうか。

©2021 Disney

放課後テニスをしましょうか。
____ ____ play tennis after school?

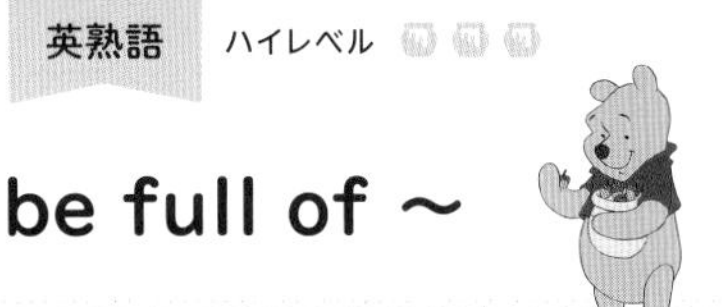

英熟語　ハイレベル

281

be full of ～

The pot **was full of** acorns.

英熟語　ハイレベル

282

be covered with ～

Two thirds of the earth **is covered with** water.

英熟語　ハイレベル

283

be known as ～

He **is** also **known as** a singer.

英熟語　ハイレベル

284

be made from ～

Cheese **is made from** milk.

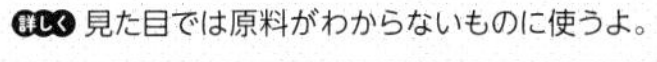

詳しく 見た目では原料がわからないものに使うよ。

英熟語　ハイレベル

285

be made of ～

This pencil box **is made of** wood.

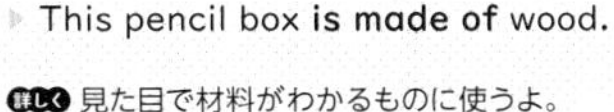

詳しく 見た目で材料がわかるものに使うよ。

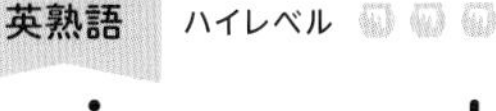

英熟語　ハイレベル

286

be impressed with ～

We **were impressed with** her speech.

詳しく with の代わりに by を使うこともあるよ。

英熟語　ハイレベル

287

be surprised to ～

Eeyore **was surprised to** see Pooh there.

英熟語　ハイレベル

288

be in trouble

Thank you for helping me when I **was in trouble.**

英熟語　ハイレベル

289

ask … to ～

Could you **ask** him **to** call me back?

詳しく to のあとは**動詞の原形**。

英熟語　ハイレベル

290

tell … to ～

My mother always **tells** me **to** clean my room.

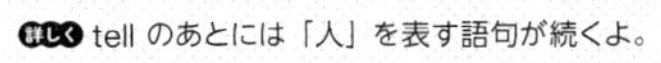

詳しく tell のあとには「人」を表す語句が続くよ。

英熟語 ハイレベル

～に感動する

©2021 Disney

▶ 私たちは彼女のスピーチに感動しました。
▶ We ＿＿ ＿＿ ＿＿ her speech.

英熟語 ハイレベル

～でいっぱいである
(≒be filled with ～)

©2021 Disney

▶ そのつぼはドングリでいっぱいでした。
▶ The pot ＿＿ ＿＿ ＿＿ acorns.

英熟語 ハイレベル

～して驚く

©2021 Disney

▶ イーヨーはそこでプーさんに会って驚きました。
▶ Eeyore ＿＿ ＿＿ ＿＿ see Pooh there.

英熟語 ハイレベル

～でおおわれている

©2021 Disney

▶ 地球の3分の2は水でおおわれています。
▶ Two thirds of the earth ＿＿ ＿＿ ＿＿ water.

英熟語 ハイレベル

困っている

©2021 Disney

▶ 私が困っていたときに助けてくれてありがとう。
▶ Thank you for helping me when I ＿＿ ＿＿ ＿＿ .

英熟語 ハイレベル

～として知られている

©2021 Disney

▶ 彼は歌手としても知られています。
▶ He ＿＿ also ＿＿ ＿＿ a singer.

英熟語 ハイレベル

(人)に～するように頼む

©2021 Disney

▶ 彼に私に折り返し電話をするように頼んでいただけますか。
▶ Could you ＿＿ him ＿＿ call me back?

英熟語 ハイレベル

(見た目で原料がわからないものの場合)
～から作られている

©2021 Disney

▶ チーズは牛乳から作られています。
▶ Cheese ＿＿ ＿＿ ＿＿ milk.

英熟語 ハイレベル

(人)に～するように言う

©2021 Disney

▶ 母はいつも私に自分の部屋をそうじするように言います。
▶ My mother always ＿＿ me ＿＿ clean my room.

英熟語 ハイレベル

(見た目で材料がわかるものの場合)
～で作られている

©2021 Disney

▶ この筆箱は木で作られています。
▶ This pencil box ＿＿ ＿＿ ＿＿ wood.

英熟語 ハイレベル

want you to ～

▸ I **want** you **to** come with me.

関連 want to ～（～したい）と区別しておこう。

英熟語 ハイレベル

agree with ～

▸ We **agreed with** him.

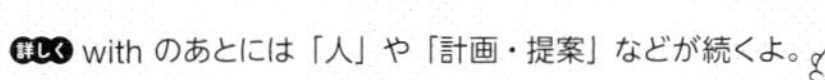

詳しく with のあとには「人」や「計画・提案」などが続くよ。

英熟語 ハイレベル

break into ～

▸ Someone **broke into** my house.

英熟語 ハイレベル

call me back

▸ Could you ask her to **call** me **back**?

詳しく call のあとに「人」を表す語句が続くよ。

英熟語 ハイレベル

communicate with ～

▸ We can **communicate with** them in English.

英熟語 ハイレベル 

continue to ～

▸ Mother Teresa **continued to** work for the poor.

詳しく to のあとは**動詞の原形**。

英熟語 ハイレベル

depend on ～

▸ We **depend on** other countries for oil.

英熟語 ハイレベル 

fill … with ～

▸ Pooh **filled** the pot **with** honey.

英熟語 ハイレベル

get out of ～

▸ I **got out of** the car and walked around.

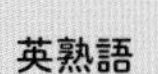 英熟語 ハイレベル

go around ～

▸ Pooh is going to **go around** the city today.

英熟語 ハイレベル

～し続ける

マザー・テレサは貧しい人たちのために働き続けました。
Mother Teresa ____ ____ work for the poor.

英熟語 ハイレベル

あなたに ～してもらいたい

きみにいっしょに来てもらいたい。
I ____ you ____ come with me.

英熟語 ハイレベル

～に頼る，～次第である

私たちは石油をほかの国に頼っています。
We ____ ____ other countries for oil.

英熟語 ハイレベル

～に同意する，～(の意見)に賛成する

私たちは彼の意見に賛成しました。
We ____ ____ him.

英熟語 ハイレベル

…を～でいっぱいにする

プーさんはつぼをはちみつでいっぱいにしました。
Pooh ____ the pot ____ honey.

英熟語 ハイレベル

～に侵入する

だれかが私の家に侵入しました。
Someone ____ ____ my house.

英熟語 ハイレベル

～から降りる，～から外へ出る

私は車から降りて，あちこち歩き回りました。
I ____ ____ ____ the car and walked around.

英熟語 ハイレベル

私に折り返し電話をする

彼女に私に折り返し電話をするように頼んでいただけますか。
Could you ask her to ____ me ____ ?

英熟語 ハイレベル

～のあちこちに行く，～の周りを回る

プーさんは今日，市内を回るつもりです。
Pooh is going to ____ ____ the city today.

英熟語 ハイレベル

～と意思を伝え合う

私たちは英語で彼らと意思を伝え合うことができます。
We can ____ ____ them in English.

英熟語　ハイレベル　301

graduate from ~

▸ My sister will **graduate from** high school in March.

英熟語　ハイレベル　302

have a chance to ~

▸ I'll **have a chance to** talk with him next week.

詳しく to のあとは**動詞の原形**。

英熟語　ハイレベル　303

have been to ~

▸ I **have been to** China three times.

詳しく 主語が3人称単数なら **has** を使うよ。

英熟語　ハイレベル　304

learn to ~

▸ The baby **learned to** walk.

詳しく to のあとは**動詞の原形**。

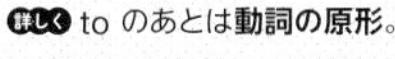

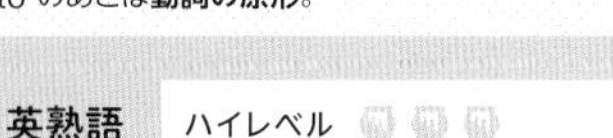

英熟語　ハイレベル　305

make up my mind

▸ I haven't **made up my mind** yet.

関連 **change my mind** は「**決心を変える**」の意味。

英熟語　ハイレベル　306

prepare for ~

▸ Greg **prepared for** his speech.

英熟語　ハイレベル　307

remind me of ~

▸ That song **reminds me of** my childhood.

英熟語　ハイレベル　308

say to myself

▸ I **said to myself**, "What's happening?"

詳しく 主語によって **himself** や **herself** にかわるよ。

英熟語　ハイレベル　309

smile at ~

▸ Pooh and Piglet **smiled at** each other.

英熟語　ハイレベル　310

suffer from ~

▸ Some people were **suffering from** hunger.

英熟語 ハイレベル

～の準備をする

▶ グレッグはスピーチの準備をしました。
▶ Greg ____ ____ his speech.

英熟語 ハイレベル

私に～を思い出させる

▶ その歌は私に子どものころを思い出させます。
▶ That song ____ **me** ____ my childhood.

英熟語 ハイレベル

(自分の)心の中で思う

▶ 私は「何が起こっているの?」と心の中で思いました。
▶ I ____ ____ ____, “What’s happening?”

英熟語 ハイレベル

～にほほえみかける

▶ プーさんとピグレットはお互いにほほえみ合いました。
▶ Pooh and Piglet ____ ____ each other.

英熟語 ハイレベル

～に苦しむ

▶ 飢えに苦しんでいる人たちもいました。
▶ Some people were ____ ____ hunger.

英熟語 ハイレベル

～を卒業する

▶ 私の姉[妹]は3月に高校を卒業します。
▶ My sister will ____ ____ high school in March.

英熟語 ハイレベル

～する機会がある

▶ 私は来週，彼と話す機会があるでしょう。
▶ I’ll ____ ____ ____ ____ talk with him next week.

英熟語 ハイレベル

～へ行ったことがある

▶ 私は３回，中国へ行ったことがあります。
▶ I ____ ____ ____ China three times.

英熟語 ハイレベル

～するようになる，
～することを覚える

▶ その赤ちゃんは歩くようになりました。
▶ The baby ____ ____ walk.

英熟語 ハイレベル

決心をする，
気持ちを固める

▶ 私はまだ決心していません。
▶ I haven’t ____ ____ **my** ____ yet.

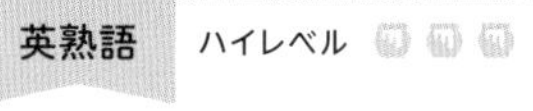

英熟語　ハイレベル

311

take part in ～

Is he going to **take part in** the marathon race?

英熟語　ハイレベル

312

write down ～

The students **wrote down** the sentence.

英熟語　ハイレベル

313

be able to ～

You will **be able to** skate well.

詳しく 助動詞といっしょに使うときは be のままだよ。

英熟語　ハイレベル

314

seem to ～

Tigger's story **seems to** be true.

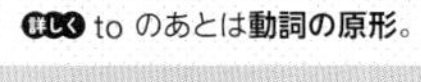

詳しく to のあとは**動詞の原形**。

英熟語　ハイレベル

315

used to ～

I **used to** play with dolls when I was little.

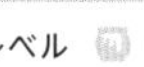

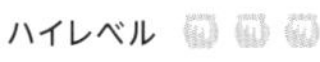

英熟語　ハイレベル

316

how to ～

Pooh is learning **how to** cook.

詳しく to のあとは**動詞の原形**。

英熟語　ハイレベル

317

what to do

Please tell me **what to do** next.

英熟語　ハイレベル

318

… enough to ～

The man is rich **enough to** buy a castle.

詳しく enough は形容詞・副詞を後ろから修飾するよ。

英熟語　ハイレベル

319

too … to ～

Piglet is **too** busy **to** come to the party.

英熟語　ハイレベル

320

I'd like ～.

I'd like some tea.

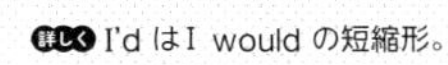

詳しく I'd は I would の短縮形。

英熟語 ハイレベル

～のしかた

▶ プーさんは料理のしかたを習っています。
▶ Pooh is learning ____ ____ cook.

英熟語 ハイレベル

～に参加する

▶ 彼はマラソン大会に参加するつもりですか。
▶ Is he going to ____ ____ ____ the marathon race?

英熟語 ハイレベル

何をしたらよいか

▶ 次に何をしたらよいか私に教えてください。
▶ Please tell me ____ ____ ____ next.

英熟語 ハイレベル

～を書きとめる

▶ 生徒たちはその文を書きとめました。
▶ The students ____ ____ the sentence.

英熟語 ハイレベル

～するのに十分…

▶ その男性はお城を買うのに十分なほど裕福です。
▶ The man is rich ____ ____ buy a castle.

英熟語 ハイレベル

～することができる

▶ あなたは上手にスケートをすべれるようになるでしょう。
▶ You will ____ ____ ____ skate well.

英熟語 ハイレベル

…すぎて～できない

▶ ピグレットは忙しすぎてパーティーに来ることができません。
▶ Piglet is ____ busy ____ come to the party.

英熟語 ハイレベル

～のように思われる，～のようだ

▶ ティガーの話は本当のように思われます。
▶ Tigger's story ____ ____ be true.

英熟語 ハイレベル

～がほしいのですが。(I want ～.よりていねいな言い方)

▶ お茶がほしいのですが。
▶ ____ ____ some tea.

英熟語 ハイレベル

よく～したものだ，～だった

▶ 私は小さいころよく人形遊びをしたものでした。
▶ I ____ ____ play with dolls when I was little.

英熟語　ハイレベル

321

I'd like to ～.

I'd like to go there with you.

詳しく I'd はI would の短縮形。

英熟語　ハイレベル

322

I'm glad (that) ～.

I'm glad that you like this present.

詳しく I'm glad to ～.なら「～してうれしい」の意味。

英熟語　ハイレベル

323

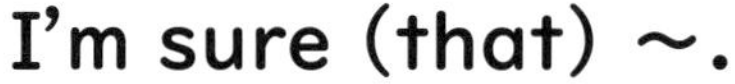

I'm sure (that) ～.

I'm sure that your dream will come true.

詳しく この that は接続詞で，よく省略されるよ。

英熟語　ハイレベル

324

How many times ～?

How many times have they been to Japan?

詳しく 回数をたずねるときに使うよ。

英熟語　ハイレベル

325

even if ～

Try to use English even if you're not good at it.

英熟語　ハイレベル

326

in case of ～

In case of rain, the event will be canceled.

英熟語　ハイレベル

327

according to ～

According to the weather forecast, it will be sunny tomorrow.

英熟語　ハイレベル

328

as for ～

As for me, I like milk better than coffee.

英熟語　ハイレベル

329

such as ～

Bill likes sports such as tennis and basketball.

英熟語　ハイレベル

330

both A and B

I'll study both Japanese and English harder.

英熟語　ハイレベル

～の場合には

- 雨の場合にはイベントは中止です。
- ___ ___ ___ rain, the event will be canceled.

英熟語　ハイレベル

～によれば

- 天気予報によれば，明日は晴れるでしょう。
- ___ ___ the weather forecast, it will be sunny tomorrow.

英熟語　ハイレベル

～について言えば

- 私について言えば，コーヒーより牛乳のほうが好きです。
- ___ ___ me, I like milk better than coffee.

英熟語　ハイレベル

(例えば)～のような

- ビルはテニスやバスケットボールのようなスポーツが好きです。
- Bill likes sports ___ ___ tennis and basketball.

英熟語　ハイレベル

AもBも両方とも

- 私は日本語も英語ももっと一生懸命に勉強するつもりです。
- I'll study ___ Japanese ___ English harder.

英熟語　ハイレベル

～したいのですが。
(I want to ～.よりていねいな言い方)

- あなたとそこに行きたいのですが。
- ___ ___ ___ go there with you.

英熟語　ハイレベル

～なのでうれしい。

- あなたがこのプレゼントを気に入ってくれてうれしいです。
- ___ ___ ___ you like this present.

英熟語　ハイレベル

きっと～と思う。

- きっとあなたの夢はかなうだろうと思います。
- ___ ___ ___ your dream will come true.

英熟語　ハイレベル

何回～

- 彼らは何回日本に行ったことがありますか。
- ___ ___ ___ have they been to Japan?

英熟語　ハイレベル

たとえ～だとしても

- たとえ得意でないとしても，英語を使うよう努めなさい。
- Try to use English ___ ___ you're not good at it.

英熟語 ハイレベル

331

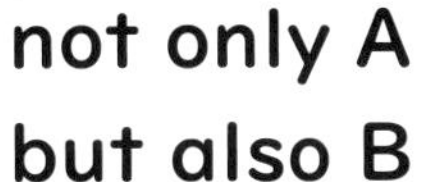

not only A but also B

She plays **not only** the guitar **but also** the drums.

詳しく also は省略されることもあるよ。

英熟語 ハイレベル

332

A as well as B

Lisa studies hard at home **as well as** at school.

英熟語 ハイレベル

333

on the other hand

On the other hand, global warming is progressing.

英熟語 ハイレベル

334

one after another

Jim showed me many pictures **one after another.**

英熟語 ハイレベル

335

on my way to ～

Pooh visited Piglet **on his way to** the park.

詳しく myは主語によってhisやherなどにかわるよ。

英熟語 ハイレベル

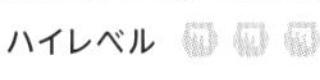

336

at least

Sarah checks her e-mails **at least** twice a day.

詳しく この least は「最も少ないこと」の意味。

英熟語 ハイレベル

337

by myself

I went there **by myself.**

詳しく 主語によって himself や herself にかわる。

英熟語 ハイレベル

338

more and more

More and more people are visiting our town.

英熟語 ハイレベル

339

not ～ any more

I'm **not** going to wait **any more.**

英熟語 ハイレベル

340

part of ～

Part of the building was made of stone.

英熟語 ハイレベル

少なくとも

- サラは少なくとも1日に2回メールをチェックします。
- Sarah checks her e-mails ____ ____ twice a day.

英熟語 ハイレベル

Aだけでなく Bも (≒B as well as A)

- 彼女はギターだけでなくドラムも演奏します。
- She plays ____ ____ the guitar ____ ____ the drums.

英熟語 ハイレベル

1人で，独力で

- 私は1人でそこへ行きました。
- I went there ____ ____ .

英熟語 ハイレベル

Bと同様にAも

- リサは学校と同様に家でも熱心に勉強します。
- Lisa studies hard at home ____ ____ ____ at school.

英熟語 ハイレベル

ますます(多くの)

- ますます多くの人たちが私たちの町を訪れています。
- ____ ____ ____ people are visiting our town.

英熟語 ハイレベル

一方で

- 一方で，地球温暖化は進んでいます。
- ____ the ____ ____, global warming is progressing.

英熟語 ハイレベル

これ以上～ない，今はもう～ない

- 私はこれ以上待つつもりはありません。
- I'm ____ going to wait ____ ____ .

英熟語 ハイレベル

次々と

- ジムは私にたくさんの写真を次々と見せました。
- Jim showed me many pictures ____ ____ ____ .

英熟語 ハイレベル

～の一部

- その建物の一部は石で作られていました。
- ____ ____ the building was made of stone.

英熟語 ハイレベル

～へ行く途中で

- プーさんは公園へ行く途中でピグレットを訪ねました。
- Pooh visited Piglet ____ his ____ ____ the park.

英熟語　ハイレベル

341

many times

▶ Piglet has read this book **many times.**

詳しく この times は「〜回，〜度」という意味。

英熟語　ハイレベル

342

all the time

▶ He is late **all the time.**

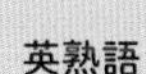

英熟語　ハイレベル

343

not ~ yet

▶ Pooh has **not** decided **yet.**

詳しく 現在完了形の「完了」の文でよく使われるよ。

英熟語　ハイレベル

344

for a long time

▶ Pooh has lived in the Hundred Acre Wood **for a long time.**

英熟語　ハイレベル

345

for the first time

▶ I tried sushi **for the first time** yesterday.

英熟語　ハイレベル

346

since then

▶ I haven't seen her **since then.**

詳しく 現在完了形の「継続」の文でよく使われるよ。

英熟語　ハイレベル

347

after a while

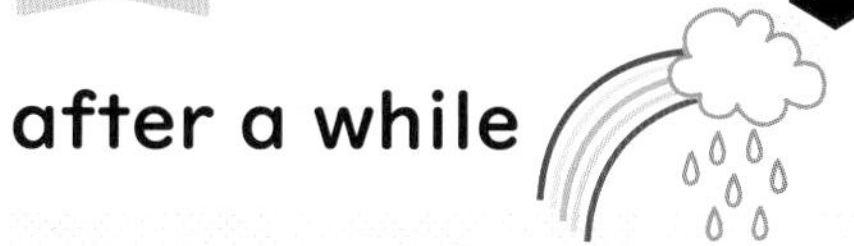

▶ **After a while,** it stopped raining.

英熟語　ハイレベル

348

at the end of ~

▶ **At the end of** the movie, the prince and the princess got married.

英熟語　ハイレベル

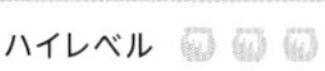

349

at the same time

▶ Tigger and Eeyore started to run **at the same time.**

英熟語　ハイレベル

350

with a smile

▶ "Hello," Pooh said **with a smile.**

英熟語　ハイレベル

（現在完了形の文で）

そのとき以来

▶ 私は**そのとき以来**ずっと彼女に会っていません。

▶ I haven't seen her ____ ____ .

英熟語　ハイレベル

しばらくして

▶ **しばらくして**，雨はやみました。

▶ ____ ____ ____, it stopped raining.

英熟語　ハイレベル

～の終わりに

▶ 映画の**終わり**で，王子と王女は結婚しました。

▶ ____ **the** ____ ____ the movie, the prince and the princess got married.

英熟語　ハイレベル

同時に

▶ ティガーとイーヨーは**同時に**走り出しました。

▶ Tigger and Eeyore started to run ____ **the** ____ ____ .

英熟語　ハイレベル

ほほえみながら

▶ 「こんにちは」と，プーさんは**ほほえみながら**言いました。

▶ “Hello,” Pooh said ____ ____ ____ .

英熟語　ハイレベル

何回も

▶ ピグレットはこの本を**何回も**読んだことがあります。

▶ Piglet has read this book ____ ____ .

英熟語　ハイレベル

いつも

▶ 彼は**いつも**遅刻します。

▶ He is late ____ ____ ____ .

英熟語　ハイレベル

（現在完了形の文で）

まだ～ない

▶ プーさんは**まだ**決めてい**ません**。

▶ Pooh has ____ decided ____ .

英熟語　ハイレベル

長い間

▶ プーさんは100エーカーの森に**長い間**住んでいます。

▶ Pooh has lived in the Hundred Acre Wood ____ **a** ____ ____ .

英熟語　ハイレベル

初めて

▶ 私は昨日，**初めて**すしを食べてみました。

▶ I tried sushi ____ ____ ____ ____ yesterday.

会話表現

1

How are you?

—I'm fine, thank you.

関連 How are you doing? も同じ意味。

会話表現

2

Nice to meet you.

—Nice to meet you, too.

詳しく **初対面**のときに使うあいさつ。

会話表現

3

Please call me ～.

詳しく me のあとには**自分の呼び名**を続けよう。

会話表現

4

Thank you.

—You're welcome.

詳しく お礼とそれに対する応答の表現。

会話表現

5

Can I help you?

—No, thank you.

詳しく No, thank you. は**断る**ときに使う表現。

会話表現

6

I'm sorry.

—That's OK.

詳しく **あやまる**ときの表現だよ。

会話表現

7

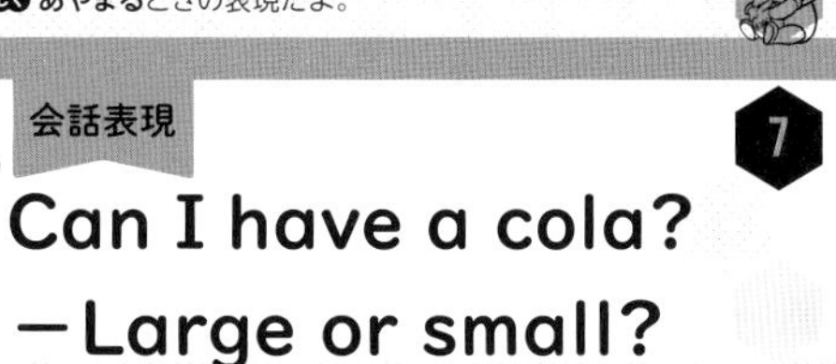

Can I have a cola?

—Large or small?

詳しく ファストフード店などで**注文**するときに使うよ。

会話表現

8

Excuse me.

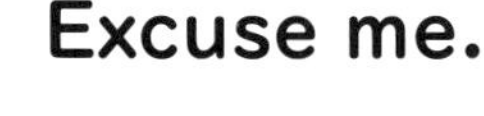

詳しく **人に話しかける**ときには，まずこう言おう。

会話表現

9

All right.

会話表現

10

Have a nice day.

会話表現

ごめんなさい。
－いいんですよ。

会話表現

コーラをください。
－サイズはLですか，Sですか。

詳しく「(私が)～をもらってもいいですか。」と表すよ。

会話表現

すみません。/
失礼します。

詳しく ちょっとしたことを**あやまるとき**にも使うよ。

会話表現

いいですよ。

詳しく 依頼やおわびに応じるときに使うよ。

会話表現

よい１日を。/
さようなら。

詳しく 出かける人に使うと，**「行ってらっしゃい。」**の意味。

会話表現

お元気ですか。
－元気です，ありがとう。

詳しく 知り合いに会ったときのあいさつ。

会話表現

はじめまして。
－こちらこそ，はじめまして。

会話表現

私を～と呼んで
ください。

詳しく 自己紹介をするときに使うといいよ。

会話表現

ありがとう。
－どういたしまして。

会話表現

お手伝いしましょうか。
－いいえ，結構です。

詳しく 断るときでも，お礼を言うんだよ。

会話表現 11

See you.
—Bye.

会話表現 12

Take care.

詳しく 別れるときのあいさつとして言ったり，
病気やけがをした人に対して言ったりするよ。

会話表現 13

Good night.

会話表現 14

Let's go fishing.
—Why not?

詳しく Why not? は提案や誘いに応じるときに使うよ。

会話表現 15

That's right.

関連 **You're right.** なら**「あなたの言う通りだ。」**の意味。

会話表現 16

Me, too.

会話表現 17

How about you?

詳しく How about ～? は**提案**するときにも使うよ。

会話表現 18

Here you are.

詳しく 相手に**物を手渡す**ときに使うよ。

会話表現 19

Take it easy.

詳しく **励ます**ときや，**別れる**ときのあいさつとして使うよ。

会話表現 20

May I speak to ～, please?

詳しく 電話で相手を呼び出してもらうときに使うよ。

会話表現

私もです。

詳しく 相手の発言を受けて，自分もそうだというときに使うよ。

会話表現

あなたはどうですか。

詳しく 相手に**意見**や**感想**をたずねるときに使う表現。

会話表現

（物を手渡すときに）はい，どうぞ。

詳しく Here it is. は「ここにありますよ。」「さあ，どうぞ。」の意味。

会話表現

気楽にね。/ 無理しないで。じゃあまた。

詳しく「楽な，気楽な」という意味の easy を使うよ。

会話表現

（電話で）～さんをお願いします。

詳しく speak［talk］を使うよ。

会話表現

またね。
－バイバイ。

詳しく「またね。」は「また会いましょう。」ということ。

会話表現

じゃあまたね。/ お大事に。

会話表現

おやすみなさい。

関連 **「こんばんは。」**は，**Good evening.** だよ。

会話表現

釣りに行こう。
－そうしよう。

詳しく「そうしよう。」は，「なぜしないの？(→しないわけがない)」と表すよ。

会話表現

その通りです。

詳しく 相手の発言に**同意**するときに使う表現。

会話表現

21

Hold on, please.

会話表現

22

Just a minute, please.

詳しく Wait a minute, please. とも言うよ。

会話表現

23

Can I leave a message?

－Sure.

詳しく 電話で使う表現。leave は「残す，預ける」の意味。

会話表現

24

Can I take a message?

－No. I'll call back later.

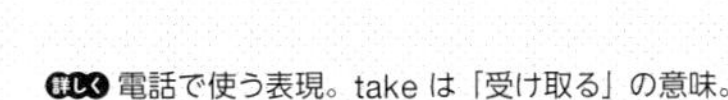

詳しく 電話で使う表現。take は「受け取る」の意味。

会話表現

25

May I help you?

－Yes, please.

詳しく お店での店員と客のやりとりだよ。

会話表現

26

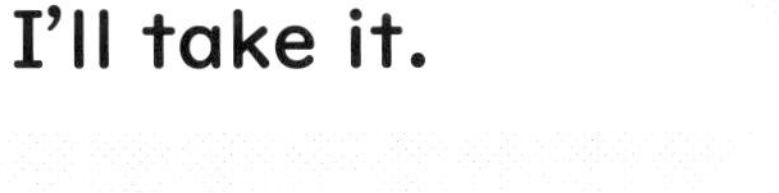

I'll take it.

詳しく 買うものを決めたときには，こう言うよ。

会話表現

27

Are you ready to order?

－I'll have a salad, please.

詳しく レストランなどで店員が客に注文を聞くときに使うよ。

会話表現

28

For here or to go?

－To go, please.

詳しく ファストフード店でよく使うよ。

会話表現

29

Anything else?

－That's all.

詳しく ファストフード店などでよく使われるよ。

会話表現

30

Please help yourself.

－Thank you.

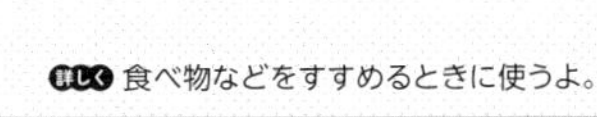

詳しく 食べ物などをすすめるときに使うよ。

会話表現

それにします。/

それをください。

詳しく 買い物の場面で使う表現。

会話表現

(電話で)

お待ちください。

詳しく 電話で使うよ。**Just a minute, please.** もほぼ同じ意味。

会話表現

ご注文はお決まりですか。

－サラダをお願いします。

詳しく「注文する準備はできていますか」と表すよ。

会話表現

少しお待ちください。

詳しく 電話などで使うよ。

会話表現

こちらでお召し上がりですか，
お持ち帰りですか。
－持ち帰りでお願いします。

詳しく「ここで食べます。」なら **For here, please.** だよ。

会話表現

伝言をお願いできますか。

－いいですよ。

詳しく 電話で伝言を頼むときのやりとり。

会話表現

ほかにご注文はありますか。

－それで全部です。

会話表現

伝言を預かりましょうか。

－いいえ。あとでかけ直します。

詳しく 電話で伝言を受けるときのやりとり。

会話表現

どうぞご自由に召し上がって

ください。－ありがとう。

会話表現

(店員が客に)お手伝いしましょうか。
－はい，お願いします。

詳しく「見ているだけです。」なら，**I'm just looking.** だよ。

会話表現 31

Come on.

詳しく 相手を**応援**するときや**励ます**ときなどに使うよ。

会話表現 32

Good luck.

詳しく 相手を**応援**するときや**別れる**ときなどに使うよ。

会話表現 33

I think so, too.

詳しく 相手の意見に**同意**するときに使う表現。

会話表現 34

I see.

詳しく あいづちの表現。

会話表現 35

I hope so.

会話表現 36

Let me see.

詳しく **すぐに答えが出ない**ときや**少し考える**ときに使うよ。

会話表現 37

Go ahead.

詳しく **相手をうながす**ときや，**順番を譲る**ときなどに使う表現。

会話表現 38

I got it.

詳しく got は get の過去形。ここでは「わかる」の意味。

会話表現 39

Of course.

会話表現 40

No problem.

詳しく 依頼やおわびのほか，お礼に対しても使うよ。

会話表現

ええと。

詳しく **Let's see.** も同じように使うよ。

会話表現

がんばって。/ さあ。/
元気を出して。

会話表現

さあ，どうぞ。

詳しく 直訳すると，「先に行って」「前に進んで」という意味。

会話表現

幸運を祈ります。/
がんばってね。

会話表現

わかった。

詳しく「私はそれを理解した。」ということ。

会話表現

私もそう思います。

会話表現

もちろん。

会話表現

（あいづち）わかった。/
なるほど。

会話表現

問題ない。/
大丈夫です。

詳しく「どういたしまして。」の意味でも使うよ。

会話表現

（相手の発言を受けて）
そうだといいですね。

詳しく「私はそう望んでいます。」ということ。

会話表現

41

My pleasure.

詳しく お礼に対する応じ方のひとつだよ。

会話表現

42

Sounds good.

詳しく That sounds good. を省略した言い方。

会話表現

43

What's up?

WHAT'S UP?

詳しく **あいさつ**や，**近況**をたずねるときなどに使うよ。

会話表現

44

What's wrong?

詳しく **体調**をたずねるときなどに使うよ。

会話表現

45

That's too bad.

詳しく 病気・失敗など，何か**悪いことを聞いたとき**に使うよ。

会話表現

46

May I ask you a favor?

詳しく 相手に何か**お願いする**ときに使うよ。

会話表現

47

What's the purpose of your visit? ― Sightseeing.

詳しく 空港で，**入国審査のとき**に聞かれることがあるよ。

会話表現

48

How long does it take? ― About ten minutes.

詳しく **所要時間**をたずねるときに使うよ。

会話表現

49

Would you like some tea?

詳しく 「～はいかがですか」と**ていねいにすすめる**ときの表現。

会話表現

50

Would you like to come with me?

詳しく 「～しませんか」と**ていねいに誘う**ときの表現。

会話表現

お願いがあるのですが。

詳しく「お願い」は a favor を使うよ。

会話表現

どういたしまして。

詳しく「私の喜びです。」ということ。

会話表現

訪問の目的は何ですか。
－観光です。

詳しく「訪問」には，名詞の **visit** を使うよ。

会話表現

（提案などを聞いて）
よさそうですね。

会話表現

どれくらい時間がかかりますか。－10分くらいです。

詳しく 時間をたずねるときには **it** を主語にするよ。

会話表現

調子はどう？

詳しく Not much.（変わりはない。特に何もない）などと答えるよ。

会話表現

お茶はいかがですか。

詳しく Do you want ～? よりもていねいな言い方だよ。

会話表現

どうしたのですか。

詳しく **What's the matter?** もほぼ同じ意味。

会話表現

私といっしょに来ませんか。

詳しく Do you want to ～? よりもていねいな言い方だよ。

会話表現

お気の毒です。

詳しく「それはあまりにもひどすぎる。」ということ。

重要文型　be動詞の文（現在）

1

I'm **Lisa**.

▶ **You're** Pooh.

詳しく be動詞は，主語によって **am**，**are**，**is** を使い分ける。

重要文型　be動詞の否定文（現在）

2

I'm not **an English teacher**.

▶ **He's not** Tigger.

詳しく 否定文は，**be動詞のあとに not** を入れるよ。

重要文型　be動詞の疑問文（現在）

Are you **busy**?

▶ **Are you** from Canada? — Yes, I **am**.

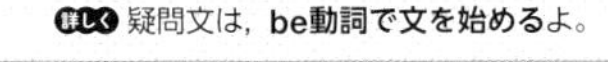
詳しく 疑問文は，**be動詞で文を始める**よ。

重要文型　whatの疑問文（be動詞）

What's **this**?

▶ **What's** that? — **It's** Pooh's house.

重要文型　一般動詞の文（現在）

I like **bears**.

▶ Lisa often **plays** soccer with her friends.

詳しく 主語が3人称単数のときは，動詞に **s** をつけるよ。

重要文型　一般動詞の否定文（現在）

6

I don't like **snakes**.

▶ He **doesn't have** a computer.

詳しく 否定文は動詞の前に **don't**。3人称単数なら **doesn't**。

重要文型　一般動詞の疑問文（現在）

7

Do **you** like **English**?

▶ **Does** he **play** baseball? — Yes, he **does**.

詳しく 疑問文は，**Do** で始める。3人称単数なら **Does** を使う。

重要文型　whatの疑問文（一般動詞）

What **do you want**?

▶ **What do you** have in your hand? — I have a ring.

重要文型　疑問詞の疑問文（where）

Where **do you live**?

▶ **Where's** Mike? — He's in his room.

重要文型　疑問詞の疑問文（when）

When **do you watch TV**?

▶ **When is** your birthday? — It's November 18.

重要文型

私はヘビが好きではありません。

▶ 彼はコンピューターを持っていません。
▶ He _____ _____ a computer.

重要文型

あなたは英語が好きですか。

▶ 彼は野球をしますか。－はい，します。
▶ _____ he _____ baseball?－Yes, he _____ .

重要文型

あなたは何がほしいですか。

▶ あなたは手に何を持っていますか。－指輪です。
▶ _____ _____ _____ have in your hand?－I have a ring.

重要文型

あなたはどこに住んでいますか。

▶ マイクはどこにいますか。－彼は自分の部屋にいます。
▶ _____ Mike?－He's in his room.

重要文型

あなたはいつテレビを見ますか。

▶ あなたの誕生日はいつですか。－11月18日です。
▶ _____ _____ your birthday?－It's November 18.

重要文型

私はリサです。

▶ あなたはプーさんです。
▶ _____ Pooh.

重要文型

私は英語の先生ではありません。

▶ 彼はティガーではありません。
▶ He's _____ Tigger.

重要文型

あなたは忙しいですか。

▶ あなたはカナダ出身ですか。－はい，そうです。
▶ _____ _____ from Canada?－Yes, I _____ .

重要文型

これは何ですか。

▶ あれは何ですか。－プーさんの家です。
▶ _____ that?－_____ Pooh's house.

重要文型

私はクマが好きです。

▶ リサはよく友達とサッカーをします。
▶ Lisa often _____ soccer with her friends.

重要文型　疑問詞の疑問文（who）　**11**

Who is that tall boy?

▶ **Who lives** there? − Piglet **does.**

重要文型　疑問詞の疑問文（whose）　**12**

Whose book is that?

▶ **Whose** bag is this? − It's mine.

詳しく 答えでは，**mine**（私のもの）などを使うよ。

重要文型　疑問詞の疑問文（which）　**13**

Which is your smartphone?

▶ **Which dress** do you like? − This one.

重要文型　疑問詞の疑問文（why）　**14**

Why is he so angry?

▶ **Why do** you like him? − Because he is kind.

詳しく 理由は，**Because** ～. の形で答えるよ。

重要文型　疑問詞の疑問文（how）　**15**

How is your father?

▶ **How's** the weather in Tokyo? − It's sunny.

詳しく **調子・状態**だけでなく，**感想**をたずねるときにも使う。

重要文型　疑問詞の疑問文（how）　**16**

How do you use this computer?

▶ **How do** you come to school? − By bus.

重要文型　命令文　**17**

Wash your hands.

▶ **Use** my towel, Pooh.

詳しく 命令・指示をするときは，動詞で文を始めるよ。

重要文型　否定の命令文　**18**

Don't open this box.

▶ **Don't** sit down.

詳しく 禁止するときは，動詞の前に **Don't** をおくよ。

重要文型　Let's ～. の文　**19**

Let's play tennis.

▶ **Let's go** shopping after lunch.

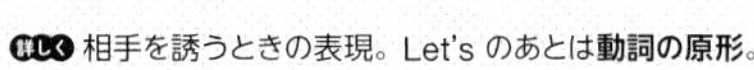

詳しく 相手を誘うときの表現。Let's のあとは**動詞の原形**。

重要文型　現在進行形の文　**20**

I'm studying English.

▶ They **are climbing** the tree.

詳しく 進行中の動作は〈**be動詞＋～ing**〉で表すよ。

重要文型

このコンピューターをどうやって使いますか。

- あなたはどうやって学校に来ますか。－バスでです。
- ____ ____ you come to school?－By bus.

重要文型

手を洗いなさい。

- 私のタオルを使って，プーさん。
- ____ my towel, Pooh.

重要文型

この箱を開けてはいけません。

- すわってはいけません。
- ____ sit down.

重要文型

テニスをしましょう。

- 昼食後，買い物に行きましょう。
- ____ ____ shopping after lunch.

重要文型

私は英語を勉強しています。

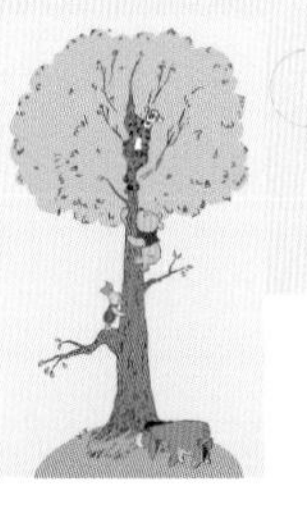

- 彼らは木に登っています。
- They ____ ____ the tree.

重要文型

あの背の高い少年はだれですか。

- だれがそこに住んでいますか。－ピグレットです。
- ____ ____ there?－Piglet ____ .

重要文型

あれはだれの本ですか。

- これはだれのかばんですか。－私のです。
- ____ bag is this?－It’s mine.

重要文型

どちらがあなたのスマートフォンですか。

- あなたはどのドレスが好きですか。－これです。
- ____ ____ do you like?－This one.

重要文型

彼はなぜそんなに怒っているのですか。

- あなたはなぜ彼が好きなのですか。－彼は親切だからです。
- ____ ____ you like him?－Because he is kind.

重要文型

あなたのお父さんはどうですか［お元気ですか］。

- 東京の天気はどうですか。－晴れています。
- ____ the weather in Tokyo?－It’s sunny.

重要文型　現在進行形の疑問文

21

Are you sleeping?

▶ **Is** your father **making** a chair? ― Yes, he **is**.

詳しく 疑問文は，**be動詞で文を始める**よ。

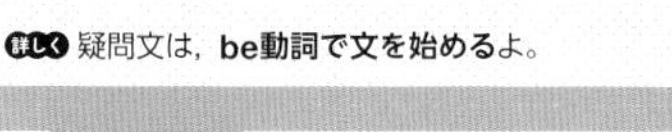

重要文型　whatの疑問文（現在進行形）

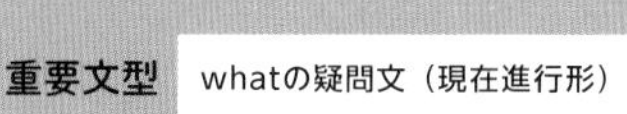

22

What are you doing?

▶ **What is** Pooh **doing**? ― He's dancing.

詳しく この doing は，**「する」**という意味の **do の ing形**。

重要文型　can の文

23

I can play the violin.

▶ She **can dance** very well.

詳しく can に続く動詞は，主語が3人称単数でも**原形**。

重要文型　can の否定文

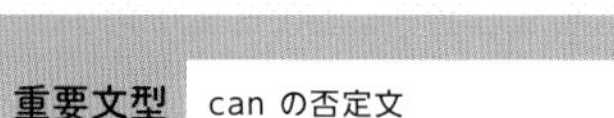

24

I can't drive a car.

▶ I **can't play** basketball well.

詳しく 否定文では，**can't** または **cannot** を使うよ。

重要文型　can の疑問文

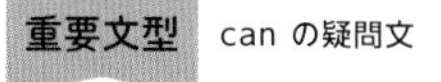

25

Can you play the piano?

▶ **Can** he **swim** well? ― Yes, he **can**.

詳しく 疑問文は **Can で始め**，答えの文でも **can** を使うよ。

重要文型　過去の文（規則動詞）

26

I played soccer yesterday.

▶ I **called** you last night.

詳しく 規則動詞の過去形は～**ed** の形。

重要文型　過去の文（不規則動詞）

27

I went to the park yesterday.

▶ Pooh **had** a good time yesterday.

重要文型　過去の否定文（一般動詞）

28

I didn't practice soccer.

▶ I **didn't go** out yesterday.

詳しく 過去の否定文は，**didn't** のあとに**動詞の原形**を続ける。

重要文型　過去の疑問文（一般動詞）

29

Did you study last night?

▶ **Did** you **call** me yesterday? ― Yes, I **did**.

詳しく 過去の疑問文は，**Did で文を始める**よ。動詞は**原形**。

重要文型　be動詞の文（過去）

30

I was busy yesterday.

▶ Pooh and Piglet **were** very happy then.

詳しく am, is の過去形は **was** で，are の過去形は **were**。

重要文型

私は昨日，サッカーをしました。

▶ 私は昨夜，あなたに電話をしました。
▶ I _____ you last night.

重要文型

私は昨日，公園へ行きました。

▶ プーさんは昨日，楽しい時を過ごしました。
▶ Pooh _____ a good time yesterday.

重要文型

私はサッカーを練習しませんでした。

▶ 私は昨日，出かけませんでした。
▶ I _____ _____ out yesterday.

重要文型

あなたは昨夜，勉強しましたか。

▶ あなたは昨日，私に電話をしましたか。－はい，しました。
▶ _____ you _____ me yesterday?－Yes, I _____.

重要文型

私は昨日，忙しかった。

▶ プーさんとピグレットはそのときとてもうれしかった。
▶ Pooh and Piglet _____ very happy then.

重要文型

あなたは眠っているのですか。

▶ あなたの父親はいすを作っているのですか。－はい，そうです。
▶ _____ your father _____ a chair?－Yes, he _____ .

重要文型

あなたは何をしているのですか。

▶ プーさんは何をしているのですか。－踊っています。
▶ _____ _____ Pooh _____?－He's dancing.

重要文型

私はバイオリンを弾くことができます。

▶ 彼女はとても上手にダンスができます。
▶ She _____ _____ very well.

重要文型

私は車を運転することができません。

▶ 私は上手にバスケットボールをすることができません。
▶ I _____ _____ basketball well.

重要文型

あなたはピアノが弾けますか。

▶ 彼は上手に泳げますか。－はい，泳げます。
▶ _____ he _____ well?－Yes, he _____ .

重要文型 be動詞の否定文（過去） **31**

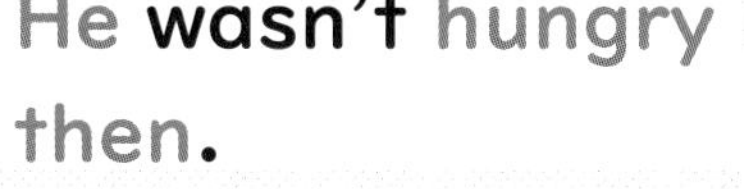

He wasn't hungry then.

▶ They **weren't** in the kitchen.

詳しく was，were の否定文は，あとに **not** を入れるだけ。

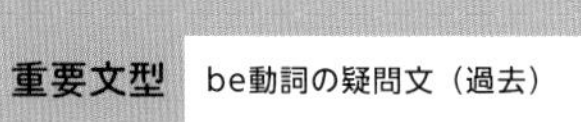

重要文型 be動詞の疑問文（過去） **32**

Were you at home last night?

▶ **Was** he tired yesterday? ― Yes, he **was**.

詳しく was，were の疑問文は，**Was**，**Were** で始めるよ。

重要文型 過去進行形の文 **33**

I was watching TV then.

▶ Pooh and Piglet **were talking** then.

詳しく 過去進行形は，**was**，**were** のあとに **ing形**。

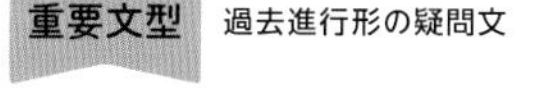

重要文型 過去進行形の疑問文 **34**

Were you having dinner?

▶ **Was** Piglet **writing** a letter? ― Yes, he **was**.

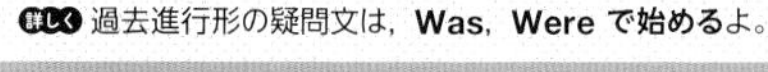

詳しく 過去進行形の疑問文は，**Was**，**Were** で始めるよ。

重要文型 未来の文（be going to） **35**

I'm going to visit Hawaii next week.

▶ Tigger **is going to** go shopping tomorrow.

詳しく be動詞は，主語によって使い分けよう。

重要文型 未来の否定文（be going to） **36**

I'm not going to play soccer this weekend.

▶ Mike **isn't going to** buy a new car.

詳しく to のあとは，**動詞の原形**。

重要文型 未来の疑問文（be going to） **37**

Are they going to climb that mountain?

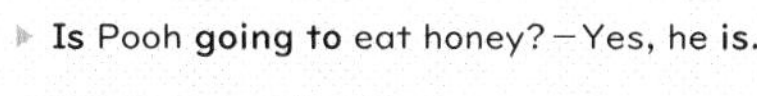

▶ **Is** Pooh **going to** eat honey? ― Yes, he **is**.

詳しく 疑問文は，**be動詞で始める**よ。

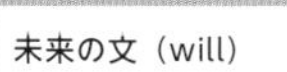

重要文型 未来の文（will） **38**

I will help you.

▶ My mother **will be back** by five.

詳しく 未来のことは，**will** を使って表すこともできるよ。

重要文型 未来の否定文（will） **39**

She won't go there.

▶ It **won't be** sunny tomorrow.

詳しく 否定文では短縮形の **won't** をよく使うよ。

重要文型 未来の疑問文（will） **40**

Will he play in the game?

▶ **Will** Tigger **be back** soon? ― Yes, he **will**.

詳しく 疑問文は，**Will で文を始める**よ。

重要文型

私は今週末はサッカーをするつもりはありません。

▶ マイクは新しい車を買うつもりはありません。
▶ Mike _____ _____ _____ buy a new car.

重要文型

彼らはあの山に登るつもりですか。

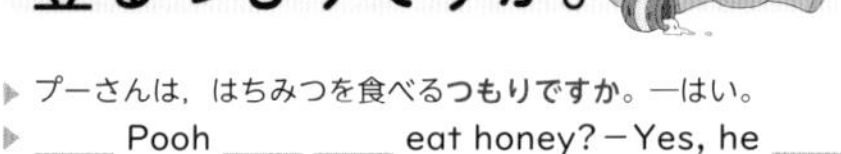

▶ プーさんは，はちみつを食べるつもりですか。—はい。
▶ _____ Pooh _____ _____ eat honey? — Yes, he _____ .

重要文型

私があなたを手伝います。

▶ 私の母は5時までに戻るでしょう。
▶ My mother _____ _____ **back** by five.

重要文型

彼女はそこへ行かないでしょう。

▶ 明日は晴れないでしょう。
▶ It _____ _____ sunny tomorrow.

重要文型

彼は試合でプレーするでしょうか。

▶ ティガーはすぐに戻ってきますか。—はい，戻ってきます。
▶ _____ Tigger _____ **back** soon? — Yes, he _____ .

重要文型

彼はそのとき空腹ではありませんでした。

▶ 彼らは台所にはいませんでした。
▶ They _____ in the kitchen.

重要文型

あなたは昨夜，家にいましたか。

▶ 彼は昨日，疲れていましたか。—はい，疲れていました。
▶ _____ he tired yesterday? — Yes, he _____ .

重要文型

私はそのときテレビを見ていました。

▶ プーさんとピグレットはそのときおしゃべりしていました。
▶ Pooh and Piglet _____ _____ then.

重要文型

あなたは夕食を食べていましたか。

▶ ピグレットは手紙を書いていましたか。—はい，書いていました。
▶ _____ Piglet _____ a letter? — Yes, he _____ .

重要文型

私は来週，ハワイを訪れるつもりです。

▶ ティガーは明日，買い物に行くつもりです。
▶ Tigger _____ _____ _____ go shopping tomorrow.

重要文型　There is ～. の文

41

There is a tall tree in the park.

▶ There are some dishes on the table.

詳しく 主語が複数のときは，**There are ～.** になるよ。

重要文型　There is ～. の疑問文

42

Is there a station near here?

▶ **Are there** any parks in your town?
— Yes, **there** are.

重要文型　助動詞 must の文

43

I must go now.

▶ We **must practice** hard.

詳しく **must**(～しなければならない)のあとの動詞は**原形**。

重要文型　助動詞 must の否定文

44

You mustn't run here.

▶ You **mustn't bring** comic books to school.

詳しく 否定文は must のあとに **not**。短縮形は **mustn't**。

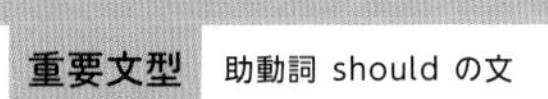

重要文型　助動詞 should の文

45

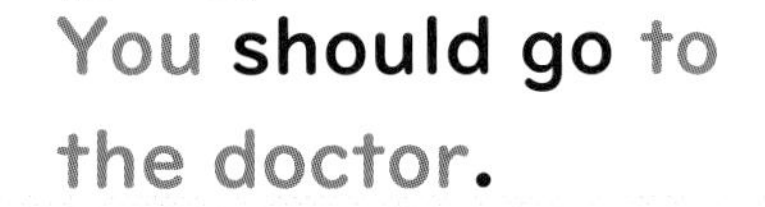

You should go to the doctor.

▶ You **should go to bed** early tonight.

重要文型　「～に見える」の文（look）

46

You look tired.

▶ Pooh **looks** happy.

詳しく この **look** は「**～に見える**」の意味で，**形容詞**が続く。

重要文型　「～になる」の文（become）

47

She became famous.

▶ My brother **became** a chef.

重要文型　「(人)に(物)を見せる」の文（show）

48

Please show me your notebook.

▶ Piglet **showed Pooh an apple.**

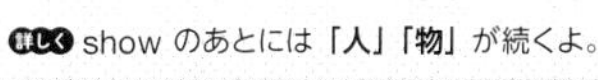

詳しく show のあとには「**人**」「**物**」が続くよ。

重要文型　「(人)に(物)を与える」の文（give）

49

I'll give you this book.

▶ Piglet **gave Pooh a present.**

詳しく give のあとには「**人**」「**物**」が続くよ。

重要文型　「AをBと呼ぶ」の文（call）

50

Please call me Ken.

▶ We **call him Pooh.**

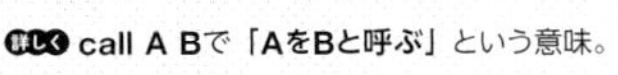

詳しく **call A B**で「**AをBと呼ぶ**」という意味。

重要文型

あなたは疲れている
ように見えます。

▶ プーさんはうれしそうに見えます。
▶ Pooh _____ happy.

重要文型

彼女は有名になりました。

▶ 私の兄[弟]はシェフになりました。
▶ My brother _____ a chef.

重要文型

私にあなたのノートを
見せてください。

▶ ピグレットはプーさんにりんごを見せました。
▶ Piglet _____ _____ an _____.

重要文型

私はあなたに
この本をあげます。

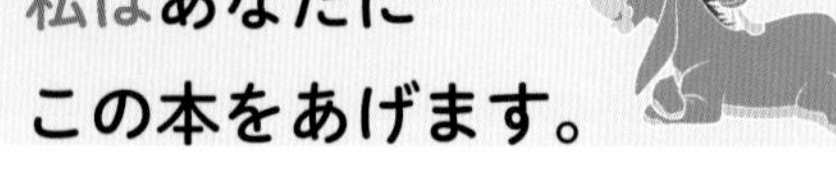

▶ ピグレットはプーさんにプレゼントをあげました。
▶ Piglet _____ _____ a _____ .

重要文型

私をケンと呼んで
ください。

▶ 私たちは彼をプーさんと呼びます。
▶ We _____ _____ Pooh.

重要文型

公園に背の高い木が
あります。

▶ テーブルの上にお皿が何枚かあります。
▶ _____ _____ some dishes on the table.

重要文型

この近くに駅はありますか。

▶ あなたの町に公園はありますか。—はい，あります。
▶ _____ _____ any parks in your town?—Yes, _____ are.

重要文型

私はもう行かなければ
なりません。

▶ 私たちは一生懸命練習しなければなりません。
▶ We _____ _____ hard.

重要文型

ここで走ってはいけま
せん。

▶ 学校にマンガ本を持ってきてはいけません。
▶ You _____ _____ comic books to school.

重要文型

あなたは医者に行った
ほうがいいです。

▶ あなたは今夜は早く寝たほうがいいですよ。
▶ You _____ _____ to bed early tonight.

重要文型 「AをBにする」の文（make） **51**

The news **made me sad.**

▶ Pooh always **makes us happy.**

詳しく **make A B**で「**AをBにする**」という意味。

重要文型 接続詞 when の文 **52**

It was raining **when** I got up**.**

▶ Pooh was sleeping **when** Piglet called him.

詳しく この **when** は接続詞で「**〜のとき**」という意味。

重要文型 接続詞 if の文 **53**

Please call me **if** you have time**.**

▶ I won't go there **if it rains** tomorrow.

詳しく **if** に続く文では，未来のことでも**現在形**で表すよ。

重要文型 接続詞 because の文 **54**

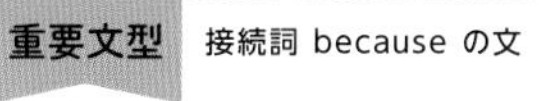

I was happy **because** I could see him**.**

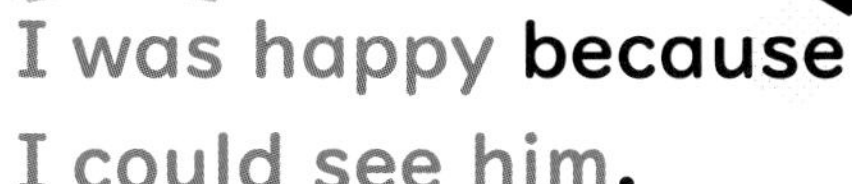

▶ I didn't go to school **because** I had a cold.

重要文型 比較級の文 **55**

I'm **older than** you**.**

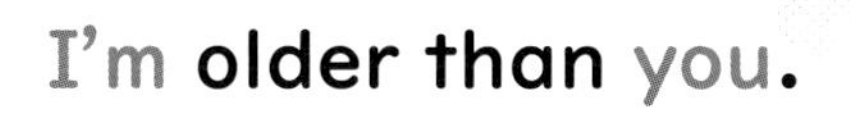

▶ Emma is **taller than** her mother.

詳しく「**…よりも〜**」は，**〜er than** …で表すよ。

重要文型 最上級の文 **56**

This shop is **the oldest in** our town**.**

▶ My bag is **the biggest of** the three.

詳しく「**…の中でいちばん〜**」は，**〜est in[of]** …で表すよ。

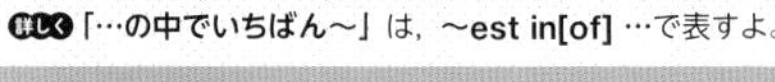

重要文型 〈to＋動詞の原形〉（名詞的用法） **57**

I **want to play** soccer**.**

▶ Eeyore **likes to travel** abroad.

詳しく この〈**to＋動詞の原形**〉は「**〜すること**」という意味。

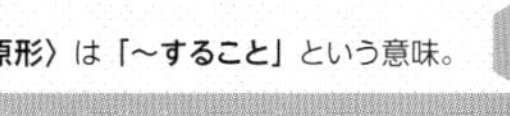

重要文型 〈to＋動詞の原形〉（副詞的用法） **58**

I ran **to catch** the bus**.**

▶ We went to the park **to play** soccer.

詳しく この〈**to＋動詞の原形**〉は「**〜するために**」の意味。

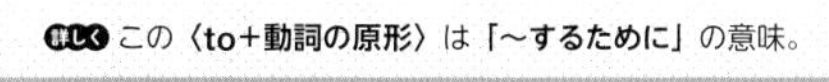

重要文型 〈to＋動詞の原形〉（形容詞的用法） **59**

I have a lot of homework **to do.**

▶ Piglet wants **something to drink.**

詳しく この〈**to＋動詞の原形**〉は「**〜するための**」の意味。

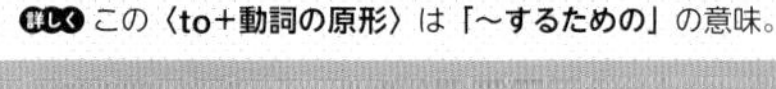

重要文型 〈help＋人＋動詞の原形〉 **60**

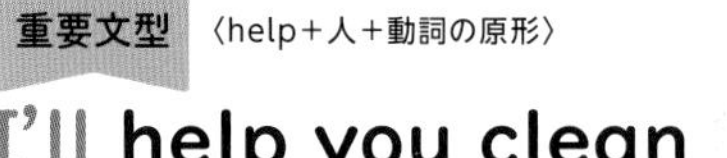

I'll **help you clean** the kitchen**.**

▶ Please **let me try** again.

詳しく 〈help[let]＋人＋動詞の原形〉で
「**(人)が〜するのを手伝う[(人) に〜させる]**」。

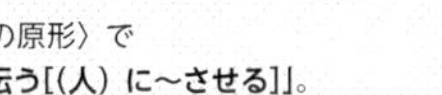

重要文型

この店は私たちの町でいちばん古いです。

▶ 私のかばんは3つの中でいちばん大きいです。
▶ My bag is ____ ____ ____ the three.

重要文型

私はサッカーがしたいです。

▶ イーヨーは外国を旅行するのが好きです。
▶ Eeyore ____ ____ ____ abroad.

重要文型

私はバスに間に合わせるために走りました。

▶ 私たちはサッカーをするために公園へ行きました。
▶ We went to the park ____ ____ soccer.

重要文型

私にはするべき宿題がたくさんあります。

▶ ピグレットは何か飲むものをほしがっています。
▶ Piglet wants ____ ____ ____ .

重要文型

あなたが台所をそうじするのを手伝います。

▶ 私にもう１度やらせてください。
▶ Please ____ me ____ again.

重要文型

そのニュースは私を悲しくさせました。

▶ プーさんはいつも私たちを幸せにします。
▶ Pooh always ____ ____ ____ .

重要文型

私が起きたとき，雨が降っていました。

▶ ピグレットが電話をしたとき，プーさんは眠っていました。
▶ Pooh was sleeping ____ Piglet called him.

重要文型

もし時間があれば，私に電話をしてください。

▶ もし明日雨が降れば，私はそこに行きません。
▶ I won't go there ____ ____ ____ tomorrow.

重要文型

私は彼と会えたので，うれしかった。

▶ 私はかぜをひいていたので，学校に行きませんでした。
▶ I didn't go to school ____ I had a cold.

重要文型

私はあなたよりも年上です。

▶ エマは母親よりも背が高いです。
▶ Emma is ____ ____ her mother.

重要文型 受け身の文（現在）

61

English is spoken in many countries.

▶ Pooh **is loved** all over the world.

詳しく「～される」は，**be動詞のあとに過去分詞**を続けるよ。

重要文型 受け身の文（過去）

62

These books were written by him.

▶ This bridge **was built** in 1900.

詳しく「～された」は，**was，were のあとに過去分詞**。

重要文型 受け身の疑問文

63

Is sushi eaten in the U.S.?

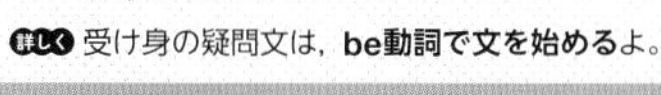

▶ **Was** your bag **made** in France?
－No, it **wasn't**.

詳しく 受け身の疑問文は，**be動詞で文を始める**よ。

重要文型 現在完了形の文（継続）

64

I have lived in the U.K. for ten years.

▶ She **has known** Bill **since** last year.

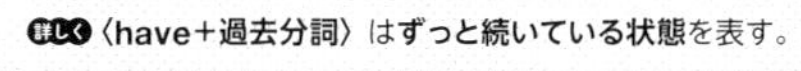

詳しく〈**have＋過去分詞**〉は**ずっと続いている状態**を表す。

重要文型 現在完了形の文（完了・結果）

65

I've just finished my homework.

▶ She **has already left** the shop.

詳しく〈**have＋過去分詞**〉は**完了した状態**や**結果**を表すよ。

重要文型 現在完了形の文（経験）

66

I've been to Paris many times.

▶ Piglet **has read** this book **once**.

詳しく〈**have＋過去分詞**〉は**経験**を表すよ。

重要文型 現在完了形の否定文（完了・結果）

67

I haven't finished my homework yet.

▶ Pooh **hasn't** put on his T-shirt **yet**.

詳しく 現在完了形の否定文は，**have[has] のあとに not**。

重要文型 現在完了形の否定文（経験）

68

I've never had a pet.

▶ He **has never been to** Okinawa.

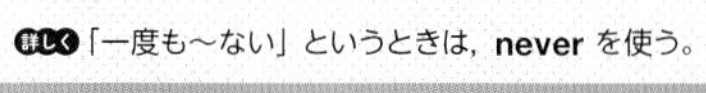

詳しく「一度も～ない」というときは，**never** を使う。

重要文型 現在完了形の疑問文（経験）

69

Have you ever seen a panda?

▶ **Have** you **ever touched** a dolphin?

詳しく 現在完了形の疑問文は，**Have[Has]で文を始める**よ。

重要文型 現在完了進行形

70

It has been raining since this morning.

▶ We **have been waiting** for Piglet for an hour.

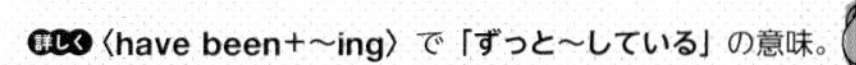

詳しく〈**have been＋～ing**〉で「**ずっと～している**」の意味。

重要文型

私は何度もパリへ
行ったことがあります。

▶ ピグレットは一度この本を読んだことがあります。
▶ Piglet ＿＿ ＿＿ this book ＿＿ .

重要文型

英語はたくさんの国で
話されています。

▶ プーさんは世界中で愛されています。
▶ Pooh ＿＿ ＿＿ all over the world.

重要文型

私はまだ宿題を
終えていません。

▶ プーさんはまだTシャツを着ていません。
▶ Pooh ＿＿ put on his T-shirt ＿＿ .

重要文型

これらの本は彼によって
書かれました。

▶ この橋は1900年に建てられました。
▶ This bridge ＿＿ ＿＿ in 1900.

重要文型

私は一度もペットを
飼ったことがありません。

▶ 彼は一度も沖縄へ行ったことがありません。
▶ He ＿＿ ＿＿ ＿＿ to Okinawa.

重要文型

すしはアメリカで
食べられていますか。

▶ あなたのかばんはフランスで作られたのですか。－いいえ。
▶ ＿＿ your bag ＿＿ in France?－No, it ＿＿ .

重要文型

あなたは今までにパンダを
見たことがありますか。

▶ あなたは今までにイルカにさわったことがありますか。
▶ ＿＿ you ＿＿ ＿＿ a dolphin?

重要文型

私は10年間イギリスに
住んでいます。

▶ 彼女は昨年からビルを知っています。
▶ She ＿＿ ＿＿ Bill ＿＿ last year.

重要文型

今朝からずっと
雨が降り続いています。

▶ 私たちは1時間ずっとピグレットを待っています。
▶ We ＿＿ ＿＿ ＿＿ for Piglet for an hour.

重要文型

私はちょうど宿題を
終えたところです。

▶ 彼女はすでにお店を出ていきました。
▶ She ＿＿ ＿＿ ＿＿ the shop.

重要文型　It … to ～. の文

71

It is easy to speak English.

▶ It is important to help each other.

詳しく この It は形式主語で「それ」の意味はないよ。

重要文型　so … that — can't ～の文

72

This box is so heavy that I can't carry it.

▶ This question is so difficult that I can't answer it.

重要文型　tell 人 that …の文

73

Jim told me that he had to go home.

▶ He taught us that studying was important.

詳しく tell などのあとに「人」「that+文」が続く形。

重要文型　名詞を説明するing形

74

The girl playing the piano is Lisa.

▶ The boy running over there is Eric.

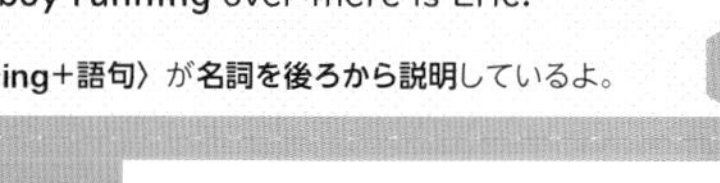

詳しく 〈～ing+語句〉が名詞を後ろから説明しているよ。

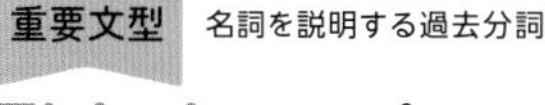

重要文型　名詞を説明する過去分詞

75

This is a picture taken in 2000.

▶ I have a radio made in America.

詳しく 〈過去分詞+語句〉が名詞を後ろから説明しているよ。

重要文型　名詞を説明する〈主語+動詞 ～〉

76

The book I read last night was interesting.

▶ The vegetables she grows are delicious.

詳しく 〈主語+動詞 ～〉が名詞を後ろから説明する形。

重要文型　関係代名詞の文（主格）

77

I have a friend who lives in America.

▶ Lisa is a girl who loves reading.

詳しく 関係代名詞の who は「人」を後ろから説明するよ。

重要文型　関係代名詞の文（目的格）

78

This is the letter which she wrote.

▶ The sport that he likes the best is soccer.

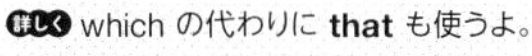

詳しく which の代わりに that も使うよ。

重要文型　仮定法

79

If I were rich, I could buy the castle.

▶ If I had time, I would go to see you.

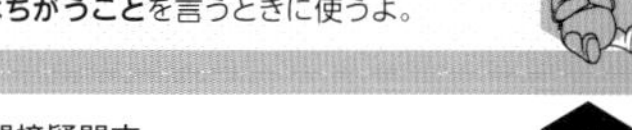

詳しく 現在の事実とはちがうことを言うときに使うよ。

重要文型　間接疑問文

80

I don't know where he is.

▶ Do you know who she is?

詳しく 文の中に入る疑問詞のあとは〈主語+動詞〉の語順。

重要文型

昨夜私が読んだ本はおもしろかった。

▶ 彼女が育てている野菜はとてもおいしいです。
▶ The vegetables ____ ____ are delicious.

重要文型

私にはアメリカに住んでいる友達がいます。

▶ リサは読書が大好きな女の子です。
▶ Lisa is a ____ ____ ____ reading.

重要文型

これが彼女が書いた手紙です。

▶ 彼がいちばん好きなスポーツはサッカーです。
▶ The ____ ____ he ____ the best is soccer.

重要文型

もし私がお金持ちだったら，そのお城が買えるのに。

▶ もし私に時間があれば，あなたに会いに行くのですが。
▶ If I ____ time, I ____ go to see you.

重要文型

私は彼がどこにいるのか知りません。

▶ あなたは彼女がだれか知っていますか。
▶ Do you know ____ ____ ____?

重要文型

英語を話すことは簡単です。

▶ お互いに助け合うことは大切です。
▶ ____ ____ important ____ help each other.

重要文型

この箱はとても重いので，私は運ぶことができません。

▶ この問題はとても難しいので，私には答えることができません。
▶ This question is ____ difficult ____ I ____ answer it.

重要文型

ジムは私に家に帰らなければならないと言いました。

▶ 彼は私たちに勉強することは大切であると教えてくれました。
▶ He ____ ____ ____ studying was important.

重要文型

ピアノを弾いている女の子はリサです。

▶ 向こうで走っている男の子はエリックです。
▶ The ____ ____ over there is Eric.

重要文型

これは2000年に撮られた写真です。

▶ 私はアメリカで作られたラジオを持っています。
▶ I have ____ ____ ____ in America.

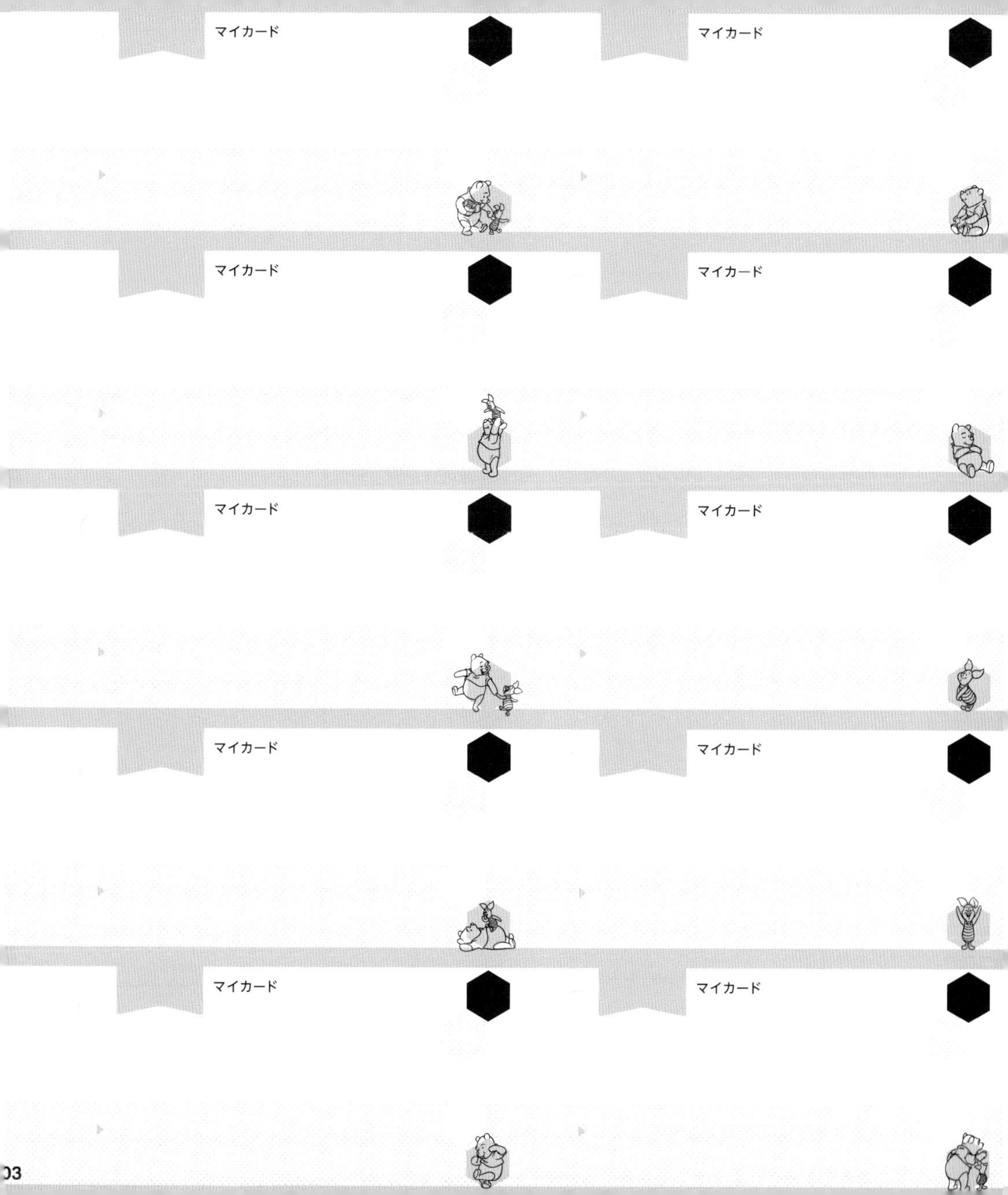
マイカード
マイカード
マイカード
マイカード
マイカード
マイカード
マイカード
マイカード
マイカード
マイカード

マイカード
©2021 Disney
マイカード
©2021 Disney
マイカード
©2021 Disney
マイカード
©2021 Disney
マイカード
©2021 Disney
マイカード
©2021 Disney
マイカード
©2021 Disney
マイカード
©2021 Disney
マイカード
©2021 Disney
マイカード
©2021 Disney